2024年版 重★要★論★点★攻★略

中小企業診断士試験

ニュー・クイックマスター

運営管理

中小企業診断士試験クイック合格研究チーム
中村 文香

同友館

はじめに
── 中小企業診断士試験を受験される皆様へ ──

中小企業診断士とは

　中小企業診断士は中小企業が健全な経営を行うために、適切な企業診断と経営に対する助言を行う専門家で、「中小企業支援法」に基づいた国家資格です。その資格の定義として、一般社団法人中小企業診断協会のホームページ上で、「中小企業診断士制度は、中小企業者が適切な経営の診断及び経営に関する助言を受けるに当たり、経営の診断及び経営に関する助言を行う者の選定を容易にするため、経済産業大臣が一定のレベル以上の能力を持った者を登録するための制度」としています。そして、その主な業務は「現状分析を踏まえた企業の成長戦略のアドバイス」であり、専門的知識の活用とともに、企業と行政、企業と金融機関等のパイプ役、中小企業への施策の適切な活用支援まで、幅広い活動に対応できるような知識や能力が求められています。

中小企業診断士試験の1次試験とは

　診断士の資格を得るためには、一般社団法人中小企業診断協会が行う診断士試験に合格しなければなりません。試験は1次試験の合格が必須で、合格後は①筆記の2次試験を受験し合格する、②独立行政法人中小企業基盤整備機構もしくは登録養成機関が実施する養成課程を修了する、のいずれかをクリアしなければ最終的な資格取得にはなりません。

　いずれにせよ、資格取得のためには診断士1次試験の突破は必要で、その受験科目は診断士として必要な学識を問う7科目で、[A経済学・経済政策　B財務・会計　C企業経営理論　D運営管理(オペレーション・マネジメント)　E経営法務　F経営情報システム　G中小企業経営・中小企業政策]といった多岐にわたる筆記試験(多肢選択式)になっています。

1次試験突破に向けた本書の活用法

　このニュー・クイックマスターシリーズは、中小企業診断士1次試験7科目の突破に向け、できる限り効率的に必要な知識をマスターしていく、そこにウエイトを置いて編集されています。すなわち、7科目という幅広い受験科目の

中で試験に出やすい論点を重視し、網羅性や厳密さより学習する効率性や最終的な点に結びつく効果を重視しています。そのため、財務・法務・情報システムのように別の資格試験では、さらに専門性が問われ、詳細な説明が必要とされている部分も、診断士1次試験に必要な部分だけに的を絞り、それ以外を思い切って削っています。

　本書は、各科目の項目ごとに必要な章立てがあり、そこでよく問われる（問われる可能性がある）項目を「論点」として掲げ、その【ポイント】で一番重要な部分を示し、本文の中で「論点を中心に必要な解説および図表」といった構成になっています。さらに【追加ポイント】と【過去問】で受験対策へのヒントを示しています。過去の試験で問われた箇所がわかることで、試験対策のイメージが湧き対策も練れることと思います。

　本書が思い切って網羅性よりも効率性を優先させた分、受験生である皆様の理解度や必要に応じて、本書の空きスペースに書き込むといった「自分の虎の巻である参考書」を作ることをお勧めします。理解への補足説明が必要な際は、インターネットや市販の書籍を通じ、知識の補完を本書に書き込むセルフマネジメントを試み、自分の使えるオリジナル参考書にしてください。

　本書では、**頻出論点をクイックに押さえるために、各論点に頻出度をA、Bでランク付けしています。**また、2次試験で問われる論点には「2次」と記載しています。原則として、令和元年度から令和5年度の過去5年間で4回以上を「A」、3回を「B」としています。

　併せて、令和4年度と令和5年度の1次試験の中で、今後も出題が予想される頻出論点の問題には解答・解説を掲載しました。まずはこの問題から押さえてください。

　1次試験は、あくまで中小企業診断士の資格取得までの通過点に過ぎません。診断士試験は、限られたご自身の時間という経営資源を、より効果的・効率的に使い、あきらめずに真摯に立ち向かえば、必ず合格できる試験です。何よりもそんな時の頼れるパートナーでありたい、そんな本書をいつでも手元に置き、試験突破に向けてフル活用していただき、次のステップへ駒を進めてください。

ニュー・クイックマスター「運営管理」に関して

「運営管理」は、中小企業の経営における、工場での生産や店舗での販売における運営管理（オペレーション・マネジメント）に関する知識を学びます。大きく、製造業の生産に関わるオペレーションの管理である生産管理と、小売業・卸売業・サービス業の販売に関わるオペレーションの管理である店舗・販売管理の2つの柱からなります。

【生産管理】

主に、製造業における生産活動に関して、生産管理の概要、生産の計画、および生産の管理について理論的な背景と、実際の管理手法について把握できます。

【店舗・販売管理】

主に、小売業、卸売業、サービス業において、店舗に関する法律や、立地、施設についての知識と、仕入から、販売、流通まで、消費者に実際に商品やサービスが届くまでの管理手法について把握できます。

上記の柱を学ぶことで、中小企業での日々の運営、管理がどのように行われているかを知ることができます。「運営管理」は、2次試験の事例Ⅲ、事例Ⅱと密接な関係があり、重要な科目になっています。

ニュー・クイックマスター「運営管理」では、診断士試験において必要になるポイントを重点的に解説しています。本テキストの内容を理解することで、試験突破はもちろんのこと、中小企業診断士としての基礎的なスキルを身につけることが可能です。

中小企業診断士試験クイック合格研究チーム
中村　文香

【目 次】

はじめに　iii
ニュー・クイックマスター「運営管理」に関して　v

序章　「運営管理」の過去問対策　1

1. 令和5年度1次試験の分析 ……………………………………………………………… 2
2. 令和5年度の重要・頻出問題にチャレンジ ……………………………………… 7
3. 令和4年度の重要・頻出問題にチャレンジ …………………………………… 23

I　生産管理　41

第1章　生産管理の概要　① 生産管理の概要　42

2x 論点1　生産管理とは ……………………………………………………………………… 42
A2x 論点2　生産活動の評価 ………………………………………………………………… 44
A2x 論点3　生産の合理化 …………………………………………………………………… 46

第1章　生産管理の概要　② 生産形態　48

2x 論点4　生産形態 …………………………………………………………………………… 48
A2x 論点5　生産方式 (ライン生産) ……………………………………………………… 50
2x 論点6　生産方式 (製品多様化対応) ………………………………………………… 54
A2x 論点7　生産方式 (その他) …………………………………………………………… 56

第1章　生産管理の概要　③ 生産計画　59

A2x 論点8　需要予測 ………………………………………………………………………… 59
2x 論点9　生産計画の概要 ………………………………………………………………… 62
B2x 論点10　生産統制 ……………………………………………………………………… 64
A2x 論点11　個別生産における日程計画手法 ……………………………………… 66

第2章　設計　70

2x 論点12　設計と品質の種類 …………………………………………………………… 70
2x 論点13　VAとVE ……………………………………………………………………… 72

第3章　調達　① 資材管理　74

2x 論点14　調達の概要 ……………………………………………………………………… 74
B2x 論点15　発注方式 ……………………………………………………………………… 76
B2x 論点16　定量発注方式 ……………………………………………………………… 78

2次 論点17 定期発注方式 82
A 2次 論点18 MRP (Material Requirements Planning：資材所要量計画) 86

第3章 **調達** ② 購買管理 88

2次 論点19 購買管理とは 88
2次 論点20 外注管理とは 90

第3章 **調達** ③ 物流 92

論点21 物流戦略 92

第4章 **作業** ① IE 94

2次 論点22 IEとは 94
A 2次 論点23 方法研究～工程分析 96
B 2次 論点24 方法研究～動作研究 98
2次 論点25 作業研究～稼働分析 100
A 2次 論点26 作業研究～時間研究 101

第4章 **作業** ② 品質管理 105

B 2次 論点27 品質管理と統計的品質管理 105
A 2次 論点28 QC7つ道具 108
2次 論点29 検査 112
論点30 ISO9000シリーズ 114

第4章 **作業** ③ 生産情報の体系 116

2次 論点31 生産情報システム 116

第5章 **工場計画** ① 工場計画 120

2次 論点32 工場計画 120
A 2次 論点33 工場レイアウト 122

第5章 **工場計画** ② 設備管理 124

A 2次 論点34 設備管理と設備保全 124
A 論点35 設備の故障と信頼性 127

第6章 **鉱工業技術に関する基礎技術** ① ものづくりに必要な材料 129

論点36 材料 129

第6章 **鉱工業技術に関する基礎技術** ② ものづくりに必要な加工法 131

論点37 加工法 131

第7章	廃棄物等の管理	① 環境保全に関わる法規 135	

A 論点38 環境法規 ·· 135

第7章	廃棄物等の管理	② 廃棄物等の処理・管理 138	

論点39 廃棄物管理 ·· 138

II 店舗・販売管理 141

第1章 店舗施設に関する法律知識 142

A 論点1 都市計画法 ··· 142
B 論点2 大規模小売店舗立地法 ··· 145
論点3 中心市街地活性化法 ··· 147
B 論点4 建築基準法 ··· 149
論点5 消防法 ·· 152

第2章 店舗・商業集積 154

論点6 店舗立地 ·· 154
B 論点7 商圏 ·· 156
B 論点8 商業集積 (計画的な集積) ····································· 160
B 論点9 商業集積 (商店街) ·· 162
論点10 店舗のコンセプトと計画 ······································· 166
論点11 店舗機能、外観 ·· 168
論点12 店内への誘導と什器 ··· 170
論点13 照明と色彩 ··· 172

第3章 商品仕入・販売(マーチャンダイジング) 174

論点14 マーチャンダイジングの概要 ·································· 174
A 論点15 マーチャンダイジングでの各指標 ························· 176
論点16 商品計画 ·· 180
論点17 商品調達・取引条件 ··· 182
論点18 売場構成 ·· 184
B 論点19 陳列 ·· 186
論点20 棚割り ··· 190
B 論点21 価格設定 ··· 194
論点22 インストア・プロモーション (ISP) ························· 196
論点23 インストア・プロモーションの手法 ······················· 198

第4章	商品補充・物流　200	
A 論点24	商品在庫管理	200
A 論点25	輸配送管理	205
論点26	物流センターの目的と機能	208
A 論点27	物流センターの管理と運営	210

第5章	流通情報システム　215	
A 2次 論点28	POSシステム	215
A 2次 論点29	その他の店舗情報システム	218
2次 論点30	企業間取引の電子化	220
A 2次 論点31	商品コード	222
2次 論点32	物流情報システム	227

第6章	その他店舗・販売管理に関する事項　229	
A 論点33	法律に関する論点	229
論点34	店舗やプロモーションに関する論点	232
論点35	取引業務に関する論点	235
論点36	物流に関する論点	237

コラム	2次試験ではこう問われる	39
参考資料	「運営管理（オペレーション・マネジメント）」の科目設置の目的と内容	85、165
索引		242

＊頻出論点をクイックに押さえるために、各論点に頻出度をA、Bでランク付けして記載している。
　原則として、令和元年度から令和5年度の過去5年間で4回以上を「 A 」、3回を「 B 」としている。また、2次試験で問われる論点は「 2次 」と記載している。

序 章

「運営管理」の過去問対策

1	令和5年度1次試験の分析
2	令和5年度の重要・頻出問題にチャレンジ
3	令和4年度の重要・頻出問題にチャレンジ

（おことわり）

本書では2023年8月5日、6日開催の1次試験について解説をしています。沖縄地区における再試験は出題数等に反映しておりません。

1 令和5年度1次試験の分析

① 総評

- 問題数は令和4年度と同様、44問（44マーク）であった。
- 配点は令和4年度と同様、生産管理が50点、店舗・販売管理が50点と均等の得点配分であった。

令和4年度に比べて4肢択一の問題が減って5肢択一の問題が増えていた。また、令和4年度同様、計算問題やグラフを用いた問題やきちんと理解をしていないと対応できない問題も出題されていた。これらにより、時間が足りない受験者も多くいたと思われる。しかしながら、頻出論点からの出題も多く、頻出論点を押さえておけば合格点は取れたと思われる。特に生産管理分野は2次試験に直結する分野なので、どのように知識を使うかを意識しながら学習しておきたい。

② 全体概況

問題数	問題数：44（44マーク） 問題数は令和4年度同様、44マークであった。
出題形式	大きな変更はなし。 令和4年度に引き続き、計算問題やグラフを用いた問題の割合が高めであった。 文章正誤問題も一定数の出題があった。
出題分野	生産管理と店舗・販売管理からほぼ半分ずつ出題されており、令和4年度と同様の傾向であった。
難易度	全体としては、平年並みの難易度だったと思われる。 令和4年度に比べて4肢択一の問題が減って5肢択一の問題が増え、計算問題やグラフを用いた問題やきちんと理解をしていないと対応できない問題も出題されていたために、時間が足りない受験者も多くいたと思われるが、頻出論点からの出題も多かった。生産管理分野はグラフや計算問題が多く、店舗・販売管理分野も難度が高いものも一部あったが、比較的得点が取りやすい問題も散見された。難度の高い問題に時間をかけすぎず、確実に得点を積み上げていく意識が大切である。 今年度の問題も頻出論点からの出題が多く、過去問をしっかりと取り組んでいれば、合格点を取ることができたと考えられる。

③ 頻出分野と対策

問題No・出題分野	分析と対策
第1問 生産活動の評価	【分析】 ●直近5年間の中で、生産活動の評価に関する出題は5回なされており、出題頻度の高い論点である。直近5年間の中で令和3年度以外は毎年出題され、令和5年度は2問出題されており、今後も出題が予想される。 ●比較的難易度の低い問題であり、正解しておきたい。 【対策】 ●過去問を解いて、知らない評価指標を調べておこう。
第5問 環境法規	【分析】 ●直近5年間の中で、環境法規に関する出題は7回なされており、出題頻度の高い論点である。令和5年度はこの分野から3問出題されており、今後も出題される可能性は高いと考えられる。 【対策】 ●省エネルギー法、食品リサイクル法、循環型社会形成推進基本法、エコアクション21、3R（リデュース・リユース・リサイクル）は特に頻出であるので、本書で要点を確認しておこう。
第6問 生産方式 （ライン生産）	【分析】 ●直近5年間の中で、生産方式（ライン生産）に関する出題は6回なされており、出題頻度の高い論点である。令和元年度から毎年出題されているため、今後も出題が見込まれる。 ●本問は計算を要する問題であった。バランスロスとサイクルタイムについての理解が深まっていなかった受験生には難しく感じられたかもしれない。 【対策】 ●この分野では計算問題が多く出題される。過去問を練習しておこう。 ●計算式についてはただ暗記をするだけではなく、式の理解を深めておこう。

第15問（設問2） 作業研究〜 時間研究	【分析】 ●直近5年間の中で、作業研究〜時間研究に関する出題は10回なされており、毎年出題されている出題頻度の高い論点であり、今後も出題が見込まれる。 ●本問は計算を要する問題であるが、落ち着いて計算できれば正解できただろう。 【対策】 ●この分野では計算問題が多く出題される。特に余裕率やレイティング係数や標準時間の計算は頻出であるので、過去問を用いて確認しておこう。
第27問 都市計画法	【分析】 ●直近5年間の中で、都市計画法に関する出題は7題出題されている。令和元年度から5年連続出題されており、今後も出題が予想される。 ●比較的細かい内容が問われていた。来年度以降も問われる可能性があるので、確実に押さえておきたい。 【対策】 ●都市計画区域、用途地域、大規模集客施設、都市再生特別措置法など、頻出の論点について確認しておこう。
第33問 輸配送管理	【分析】 ●直近5年間の中で、輸配送管理に関する出題は10題であった。令和元年度から5年連続出題され、令和5年度は2問出題されており、今後も出題される可能性が高い。 ●見慣れない用語があったかもしれないが、頻出のRORO船と複合一貫輸送を知っていれば解けただろう。 【対策】 ●輸配送管理の論点として、①サプライチェーンマネジメント、②ロジスティクス、③ユニットロード、④共同輸配送、⑤モーダルシフトがある。論点を理解しておけば得点できる問題が多いため、それぞれ概要と目的に加えて、効果まで正確に押さえておきたい。

第37問 商品コード	**【分析】** ●直近5年間の中で、商品コードに関する出題は8題であった。令和元年度から5年連続出題され、令和5年度は2問出題されており、今後も出題が予想される。 ●何度も問われている論点が多く問われていたので、過去問対策ができていれば解答できただろう。 **【対策】** ●正確に知識を押さえておけば正解できる問題が多いので、得点源として押さえておきたい。何度も問われている論点が多いので、正解にはならなかった選択肢まで確実に過去問を押さえよう。
第38問 **(設問2)** POSシステム	**【分析】** ●直近5年間の中でPOSシステムに関する問題は7回出題されている。令和元年度から5年連続出題され、令和5年度は2問出題されており、今後も出題される可能性が高い。 **【対策】** ●支持度、信頼度、リフト値は、頻出のため、必ず計算できるようにしておこう。 ●RFM分析についても要点を押さえておこう。

序章 「運営管理」の過去問対策 ｜ 5

頻出論点をしっかり押さえて過去問演習を繰り返し行うことがカギ！

- ●『2024 年版ニュー・クイックマスター 運営管理』では、過去 5 年間で 4 回以上取り上げられた論点を A、3 回取り上げられた論点を B としている。まずは最頻出の A 論点を押さえよう。そして過去問演習を繰り返し行って、合格点越えを目指そう。

得点に直結する知識をしっかり押さえることが重要！

- ● 運営管理、とくに店舗・販売管理分野では、JAN コードや物流関連等、正確に知識を押さえておけば確実に正解できる問題が毎年出題されている。この得点に直結する知識を試す問題を確実に押さえ、60 点確保につなげたい。また、生産管理分野では計算問題が増えているが、基本的な知識があれば対応できるものが多く、こちらも確実な理解をしておくことが重要である。

計算問題は定義の理解と過去問を用いた計算練習を繰り返すことが重要！

- ● 標準時間、支持度、ライン編成効率等、頻出の計算問題は、まず式の定義を正確に押さえておくことが重要である。あわせて、計算練習を行い、知っている状態から使える状態にもっていくことで、得点が取れる見込みが高くなる。過去問を用いて繰り返し練習しておきたい。

2 令和5年度の重要・頻出問題にチャレンジ

生産活動の評価

頻出度
A

➡ p.44

■ 令和5年度 第1問

　生産活動における評価指標の算出に関する記述の正誤の組み合わせとして、最も適切なものを下記の解答群から選べ

a　単位時間当たりに処理される仕事量を測る尺度として、歩留りを求めた。

b　生産可能量に対する実際生産量の比率として、操業度を求めた。

c　産出量に対する投入量の比率として、生産性を求めた。

〔解答群〕
　　ア　a：正　　　b：正　　　c：誤

　　イ　a：正　　　b：誤　　　c：正

　　ウ　a：誤　　　b：正　　　c：正

　　エ　a：誤　　　b：正　　　c：誤

　　オ　a：誤　　　b：誤　　　c：正

解答	エ

■ 解説

生産活動における評価指標の算出に関する問題である。

a：不適切である。生産活動においては、歩留まりは投入した原料に対する完成品の割合という意味で使用され、「歩留まり＝産出された品物の量÷原材料投入量」で計算される。

b：適切である。

c：不適切である。分子と分母が逆になっており、生産性は投入量に対する産出量の比率で求めることができる。

以上より、エが正解である。

環境法規

頻出度
A

→ p.135

■ 令和5年度　第5問

　循環型社会形成推進基本法における再使用の定義に区分される記述の組み合わせとして、最も適切なものを下記の解答群から選べ。

a　インクジェットプリンタのカートリッジを回収して洗浄し、インクを充填して販売した。

b　飲み終わったビール瓶を回収し、溶解して再生した。

c　ペットボトルを回収して衣類の原料として活用した。

d　回収されたテレビを分解して一部の部品を取り出し、他のテレビの修理に使用した。

　〔解答群〕

　　ア　aとb

　　イ　aとbとd

　　ウ　aとd

　　エ　bとcとd

　　オ　cとd

解答	ウ

■ 解説

　循環型社会形成推進基本法における再使用の定義に関する問題である。

　この法律では処理の優先順位が初めて法定化され、[1] 発生抑制、[2] 再使用、[3] 再生利用、[4] 熱回収、[5] 適正処分という優先順位を定めた。

ａ：カートリッジを再利用しているので、再使用である。

ｂ：溶解して再生しているので、再生利用である。

ｃ：ペットボトルから衣類の原料へ再生しているので、再生利用である。

ｄ：一部の部品を取り出して利用しているので、再使用である。

　以上より、ウが正解となる。

生産方式（ライン生産）

■ **令和5年度　第6問**

　下表のように設定されたライン生産の状況から計算された、(a)バランスロスと(b)1時間当たりの生産量の値（個）として、最も適切な組み合わせを下記の解答群から選べ。ただし、サイクルタイムは30秒とし、生産立ち上げ期間は考慮しない。

	割り当て作業	作業時間（秒）
工程1 （作業者①）	作業A	10
	作業B	15
工程2 （作業者②）	作業C	28
工程3 （作業者③）	作業D	10
	作業E	15
	作業F	5
工程4 （作業者④）	作業G	18
	作業H	4

［解答群］

　ア　(a)：12.5%　　(b)：30個

　イ　(a)：12.5%　　(b)：120個

　ウ　(a)：26.5%　　(b)：30個

　エ　(a)：87.5%　　(b)：30個

　オ　(a)：87.5%　　(b)：120個

解答	イ

■ **解説**

バランスロスに関する問題である。

下記の式によって計算することができる。

$$ライン編成効率 = \frac{作業時間の緩和}{作業ステーション数 \times サイクルタイム}$$

バランスロス率 = 1 - ライン編成効率

ここで、作業ステーション数とは、作業数ではなく工程数であることに注意したい。

$$ライン編成効率 = \frac{10 + 15 + 28 + 10 + 15 + 5 + 18 + 4}{4 \times 30}$$

$$= 0.875$$

バランスロス率 = 1 - 0.875 = 0.125 (12.5%)

サイクルタイムとは、生産ラインに資材を投入する時間間隔であるため、製品が産出される時間間隔と通常は等しい。サイクルタイムが30秒であることから、30秒ごとに製品が1つ産出されるため、1時間 (3,600秒) 当たりの生産量は120個である。

よって、イが正解である。

作業研究〜時間研究

頻出度
A

➡ p.101

■ 令和5年度　第15問（設問2）

金属部品を人手で加工する作業の標準時間を計算するためのデータとして、

正味作業の観測時間：5分／個

レイティング係数：120

内掛け法による余裕率：0.20

の値を得た。

このとき、下記の設問に答えよ。

（設問2）

この作業の標準時間として、最も近いものはどれか（単位：分／個）。

ア　6.25

イ　6.50

ウ　7.00

エ　7.50

オ　7.75

解答	エ

■ 解説

標準時間に関する問題である。

まずは正味時間を求める。

$$正味時間 = \frac{レイティング係数}{100} \times 正味作業の観測時間$$

$$= \frac{120}{100} \times 5$$

$$= 6分$$

次に標準時間を求める。

$$標準時間 = \frac{正味時間}{(1-内掛法の余裕率)}$$

$$= \frac{6}{(1-0.2)}$$

$$= 7.5分／個$$

以上より、エが正解である。

都市計画法

頻出度
A

→ p.142

■ 令和5年度　第27問

　都市再生特別措置法における立地適正化計画に関する記述の正誤の組み合わせとして、最も適切なものを下記の解答群から選べ。

a　複数の市町村にまたがる広域都市計画の場合、都道府県が主体となって立地適正化計画を作成することが望ましい。

b　都市機能増進施設とはスーパーマーケットやショッピングセンターなどの商業施設であり、医療施設や教育施設は含まれない。

c　1つの市町村内に複数の都市計画区域がある場合には、すべての都市計画区域を対象として立地適正化計画を作成することが基本となる。

〔解答群〕

　　ア　a：正　　b：正　　c：誤

　　イ　a：正　　b：誤　　c：誤

　　ウ　a：誤　　b：正　　c：誤

　　エ　a：誤　　b：正　　c：正

　　オ　a：誤　　b：誤　　c：正

序章　「運営管理」の過去問対策 | 15

解答	オ

■ 解説

都市再生特別措置法における立地適正化計画に関する問題である。

a：不適切である。複数の市町村にまたがる広域都市計画の場合、複数市町村で共同して立地適正化計画を作成することが望ましいとしている（都市再生特別措置法81条1項）。

b：不適切である。都市機能増進施設とは、居住者の共同の福祉や利便性の向上を図るために必要な施設であって、都市機能の増進に著しく寄与するものであり、医療施設や教育施設も含まれる（都市再生特別措置法81条1項）。

c：適切である（国土交通省「立地適正化計画の作成に係るQ＆A　令和4年4月1日改訂」Q3）。

以上より、オが正解である。

輸配送管理

➡ p.205

■ 令和5年度　第33問

　輸送手段と輸送ネットワークの特徴に関する記述として、最も適切なものはどれか。

ア　鉄道貨物駅における着発線荷役（E&S：Effective & Speedy）方式は、貨車を架線のある着発線から架線のない荷役線に移動させてからコンテナを積み卸す荷役方式である。

イ　トラック輸送の契約に関する「標準貨物自動車運送約款」では、運賃を積込みや取卸しを含む運送の対価であると規定している。

ウ　日本全体の二酸化炭素排出量は鉄道輸送よりもトラック輸送の方が多いが、輸送トンキロ当たりの二酸化炭素排出量は鉄道輸送よりもトラック輸送の方が少ない。

エ　ハブ・アンド・スポーク型の輸送ネットワークの特徴は、最終目的地まで直行輸送することである。

オ　複合一貫輸送の例として、トラックとRORO船を利用して陸路と海路を組み合わせる輸送形態がある。

解答	オ

■ 解説

輸送手段と輸送ネットワークの特徴に関する問題である。

ア：不適切である。着発線荷役方式とは、貨物列車が貨物駅に到着すると、到着した線路で直ちに貨物の積み下ろしをし、荷役が終了次第すぐ出発する方式。この方式の導入により、貨物駅の設備は大幅に簡素化され、荷役作業の時間も大幅に短縮し、輸送の効率化が図られる。

イ：不適切である。標準貨物自動車運送約款では、運送の対価を運賃、積込み又は取卸しに対する対価を積込料及び取卸料と規定している（標準貨物自動車運送約款32条）。

ウ：不適切である。日本全体の二酸化炭素排出量および輸送トンキロ当たりの二酸化炭素排出量は、鉄道輸送よりもトラック輸送のほうが多い。

エ：不適切である。ハブアンドスポーク方式とは、中心拠点（ハブ）に貨物を集約させ、拠点（スポーク）毎に仕分けて運搬する輸送方式。中心拠点（ハブ）を経由するため、直行輸送ではない。

オ：適切である。

以上より、オが正解である。

商品コード

➡ p.222

■ 令和5年度　第37問

商品コード（GTIN）に関する記述として、最も適切なものはどれか。

ア　GTIN-13が設定されていない商品に対して、事業者が社内管理のために、国コードに当たる部分に20～29を用いて設定するコードをインストアコードという。

イ　GTIN-13が設定されている商品を複数個まとめて包装したパッケージにGTIN-14を設定する場合、元のGTIN-13と設定後のGTIN-14で異なるのは先頭の1桁のみである。

ウ　GTIN-13は、インジケータ、GS1事業者コード、商品アイテムコード、チェックデジットで構成されている。

エ　GTINはGS1標準の商品識別コードの総称であり、GTIN-8、GTIN-10、GTIN-12、GTIN-13、GTIN-14の5つの種類がある。

オ　日本の事業者に貸与されるGS1事業者コードは、先頭の2桁が45、47または49で始まる。

解答	ア

■ 解説

商品コード（GTIN）に関する問題である。

ア：適切である。

イ：不適切である。GTIN-13が設定されている商品を複数個まとめて包装したパッケージにGTIN-14を設定する場合、元のGTIN-13と設定後のGTIN-14で異なるのは先頭の1桁目と最後の14桁目である。先頭の1桁目はインジケータと呼ばれ、入数違い（段ボール1個のみか、段ボール2個セットか等）などを表す。2桁目〜13桁目までは、GTIN-13のチェックデジット（13桁目）以外の12桁が用いられる。14桁目には、GTIN-13のチェックデジットとは異なるチェックデジットが付与される。

ウ：不適切である。GTIN-13は、GS1事業者コード、商品アイテムコード、チェックデジットで構成されており、インジケータは含まれない。

エ：不適切である。GTINはGS1標準の商品識別コードの総称であり、GTIN-8、GTIN-12、GTIN-13、GTIN-14の4つの種類がある。

オ：不適切である。日本の事業者に貸与されるGS1事業者コードは、先頭の2桁が45または49で始まる。

以上より、アが正解である。

■ 令和5年度　第38問（設問2）

次の文章を読んで、下記の設問に答えよ。

独自のオンラインサイトでネットショップを運営している、ある小売業の一定期間における顧客の購買状況を確認したところ、この期間におけるユニークな全購買者数は144人であった。

当該ネットショップの取り扱い商品のうち、A～Dの4つの商品についてのみ考慮すると、その購買状況は下表のとおりであった。また、商品Aまたは商品Bを購買している顧客は、商品Cや商品Dの購買はなかったとする。この小売業では商品A～Dについて、全購買者数をベースとした商品購買における相関ルールを検討し、今後の商品プロモーションに活用したいと考えている。

商品	購買者数（人）
Aのみ	26
Bのみ	14
AとB	10

商品	購買者数（人）
Cのみ	18
Dのみ	26
CとD	8

※表の中の全購買者数はすべてユニークな人数とする。

（設問2）

商品Aと商品Bを併買した購買パターンのリフト値として、最も適切なものはどれか。

ア　$\dfrac{1}{4}$　　　イ　$\dfrac{5}{12}$

ウ　$\dfrac{5}{4}$　　　エ　$\dfrac{3}{2}$

オ　$\dfrac{5}{3}$

解答	オ

■ 解説

POSのデータを用いた購買分析に関する問題である。

まずは、商品Aからみた商品Bの信頼度を計算する。
解答の選択肢が分数であるため、分数までの計算で留めておく。

$$\text{商品Aからみた商品Bの信頼度} = \frac{\text{商品AとBを同時に購入した顧客人数}}{\text{商品Aの購入者数}}$$

$$= \frac{10}{(26 + 10)}$$

次に、商品Aからみた商品Bの信頼度を用いて、商品Aからみた商品Bのリフト値を計算する。

$$\text{商品Aからみた商品Bのリフト値} = \frac{\text{商品Aからみた商品Bの信頼度}}{\text{商品Bを購入した人の割合}(\text{商品Bを購入した人数÷すべての購入者数})}$$

$$= \frac{10}{(26 + 10)} \div \frac{(14 + 10)}{144}$$

$$= \frac{5}{3}$$

以上より、オが正解である。
なお、商品Bからみた商品Aのリフト値も同じ値になる。

3 令和4年度の重要・頻出問題にチャレンジ

個別生産における日程計画手法

頻出度
A

→ p.66

■ 令和4年度　第8問

　製品A〜Dの2つの工程の加工時間が下表のように与えられたとき、2工程のフローショップにおける製品の投入順序を検討する。

　生産を開始して全ての製品の加工を完了するまでの時間(メイクスパン)を最小にする順序で投入した場合、メイクスパンに含まれる第1工程と第2工程の非稼働時間の合計値として、最も適切なものを下記の解答群から選べ。

	第1工程	第2工程
製品A	1	4
製品B	5	2
製品C	5	6
商製品D	6	4

〔解答群〕

ア　2

イ　3

ウ　4

エ　5

オ　6

解答	エ

■ 解説

　ジョブショップ・スケジューリングに関する問題である。本問の場合、2工程あるため、ジョンソン法の順序付け手法を利用できる。

　ジョンソン法による順序付け手法の手順は次の要領で行う。

1. すべてのジョブの中で、作業時間が最小のジョブを選択する。
2. 選んだジョブが前工程であれば、最初に順序付けを行い、後工程なら終わりに順序付けをする。
3. 未割当てのジョブがなくなるまで繰り返す。

　問題の内容をもとに、上記の手順で順序を決定する。

① 最小なジョブは、製品Aの第1工程なので、製品Aを一番に投入する。
② 製品Aを除いた場合での最小なジョブは、製品Bの第2工程なので、製品Bを最後に投入する。
③ 製品AとBを除いた場合での最小なジョブは、製品Dの第2工程なので、製品Dを製品Bの前、残った製品Cを製品Aの後に投入する。

　メイクスパンに含まれる第1工程と第2工程の非稼働時間は上の図の斜線の部分であるので、非稼働時間合計は5である。

　以上より、エが正解である。

QC7 つ道具

■ 令和4年度　第11問

QC7つ道具と新QC7つ道具に関する記述として、最も適切なものはどれか。

ア　管理図は、時系列データをヒストグラムで表した図である。

イ　散布図は、不具合を原因別に集計し、件数が多い順に並べた図である。

ウ　特性要因図は、原因と結果、目的と手段などが複雑に絡み合った問題の因果関係を表した図である。

エ　パレート図は、項目別に層別して出現頻度の高い順に並べるとともに、累積和を表した図である。

オ　連関図は、原因と結果の関係を魚の骨のように表した図である。

解答	エ

■ 解説

QC7つ道具と新QC7つ道具に関する問題である。

ア：不適切である。管理図は、工程の管理を行うためのツールで、時系列データを表す折れ線データと中心線と管理限界（上方／下方）線からなる図である。

イ：不適切である。散布図は、2つの対となるデータを横軸（原因系）と縦軸（結果系）としてプロットした図である。

ウ：不適切である。特性要因図は、ある問題に対して関連する原因の洗い出しを行うため、問題（特性）とその発生の原因（要因）だと考えられる事項とを結んで図示したものである。原因と結果の関係を魚の骨のように表した図とも表現される。

エ：適切である。

オ：不適切である。連関図は、原因と結果、目的と手段などが複雑に絡み合った問題の因果関係を表した図である。

以上より、エが正解となる。

方法研究～工程分析

■ 令和4年度　第13問

　部品A、B、Cを用いて製品Xが製造される生産の流れについて、製品工程分析を行った結果を下図に示す。この図から読み取ることができる記述として、最も適切なものを下記の解答群から選べ。

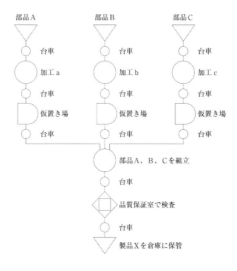

〔解答群〕

　ア　加工a、b、cは、同期して加工している。

　イ　台車は11台である。

　ウ　滞留を表す工程は、4カ所である。

　エ　品質保証室での検査は、品質検査を主として行っているが、同時に数量検査も行っている。

　オ　部品A、B、Cは、同じ倉庫にまとめて保管されている。

解答	エ

■ 解説

工程図記号に関する問題である。

それぞれ、下表のように表される。

【 工程図記号 】

工程名	名称	記号	内容
加工	加工	○	形状や性質に変化を与える工程
運搬	運搬	⇨/○	位置に変化を与える過程
停滞	貯蔵	▽	計画により、貯えている工程
	滞留	▷	計画に反して滞っている状態
検査	計量検査	□	量や個数の検査工程
	品質検査	◇	品質検査工程

ア：不適切である。加工a、b、cが同期して加工しているかは、この図から読み取ることができない。

イ：不適切である。台車は11回使用するが、工程分析図からは台車の所有台数は把握できない。

ウ：不適切である。滞留を表す工程は3つである。

エ：適切である。2種類の記号が組み合わさっているときは、外側の大きいほうがメインの工程である。

オ：不適切である。この工程分析図から倉庫に置かれているかは把握できない。

よって、エが正解である。

設備管理と設備保全

➡ p.124

■ 令和4年度　第17問

　生産保全の観点から見た保全活動に関する記述として、最も適切なものはどれか。

ア　あらかじめ代替機を用意し、故障してから修理した方がコストがかからない場合は、予防保全を選択する。

イ　過去に発生した故障が再発しないように改善を加える活動は、事後保全である。

ウ　設備の劣化傾向について設備診断技術などを用いて管理することによって、保全の時期や修理方法などを決める予防保全の方法を状態監視保全という。

エ　掃除、給油、増し締めなどの活動は、設備の劣化を防ぐために実施される改良保全である。

<table>
<tr><td>解答</td><td>ウ</td></tr>
</table>

■ 解説

ア：不適切である。あらかじめ代替機を用意し、故障してから修理したほうが
　　コストがかからない場合は、事後保全を選択する。

イ：不適切である。過去に発生した故障が再発しないように改善を加える活動
　　は、改良保全である。

ウ：適切である。予知保全とも呼ぶ。

エ：不適切である。掃除、給油、増し締めなどの活動は、設備の劣化を防ぐた
　　めに実施される定期保全である。

　以上より、ウが正解である。

商圏

■ 令和4年度　第25問

　A市とB市が、その中間にあるX町からどの程度の購買力を吸引するかを求めたい。下図の条件が与えられたとき、ライリーの法則を用いてA市とB市がX町から吸引する購買力の比率を求める場合、最も適切なものを下記の解答群から選べ。

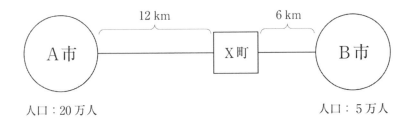

〔解答群〕

　ア　A市：B市＝1：1

　イ　A市：B市＝2：1

　ウ　A市：B市＝1：2

　エ　A市：B市＝8：1

　オ　A市：B市＝1：8

解答	ア

■ 解説

　ライリーの法則とは、ある2つの都市があった場合に、その中間にある地域や都市の購買力にどの程度の吸引力を及ぼすかを示したものである。つまり、2つの都市の間に住んでいる人が、ある商品を欲しいと思ったときにどちらの都市に買いに行くかを考えた法則である。

　法則は、「2つの都市の中間に位置する地域、都市の小売の吸引力は、2つの都市の人口に比例し、距離の2乗に反比例する」という内容である。つまり、「大きい街か小さい街かというと大きい街に行くけれども、近いかどうかをより重要に考える」ということを意味する。

【 ライリーの法則 】

公式

$$\frac{Ba}{Bb} = \frac{Pa}{Pb} \times \left[\frac{Db}{Da}\right]^2$$

Ba：A市の吸引力
Bb：B市の吸引力
Pa：A市の人口
Pb：B市の人口
Da：A市までの距離
Db：B市までの距離

　問題の内容をもとに、公式に当てはめてみると、

$$\frac{Ba}{Bb} = \frac{20}{5} \times \left[\frac{6}{12}\right]^2 = 1$$

以上より、アが正解である。

売場構成・陳列

➡ p.184、186

■ 令和4年度　第29問

　スーパーマーケットの売場づくりに関する記述として、最も適切なものはどれか。

ア　買上点数を増やすために、レジ前売場には単価が低い商品よりも高い商品を陳列する。

イ　買物客の売場回遊を促すために、衝動購買されやすい商品は売場に分散配置する。

ウ　商品棚前の通路幅を広くすると、当該商品棚のゴールデンゾーンの範囲が広がる。

エ　販売促進を行うエンドの販売力は、主通路に面するよりもレジ前の方が高い。

オ　複数の入り口からレジまでの客動線を一筆書きのようにコントロールすることをワンウェイコントロールという。

解答	ウ

■ 解説

商品配置に関する問題である。

ア：不適切である。買上点数を増やすために、レジ前売場には単価が低い商品を陳列すると効果的である。

イ：不適切である。衝動購買されやすい商品は店頭に置くほうが望ましい。買物客の売場回遊を促すためには、計画購買率の高い商品を店舗奥に分散して配置する。

ウ：適切である。最も顧客の目に留まりやすく、手に触れやすい高さにある領域をゴールデンゾーンと呼ぶ。通路の幅を広げたり、L字型ゴンドラにすることで、ゴールデンゾーンの範囲を広げることができる。

エ：不適切である。エンドとは商品が陳列されている棚の両端の棚のことである。主通路に面するほうが販売力は高くなる。

オ：不適切である。顧客が店内をくまなく、店側が期待したとおりに歩いてもらうための技術を「ワンウェイコントロール」という。

以上より、ウが正解である。

商品在庫管理

■ 令和4年度　第31問

　小売店舗における在庫管理に関する以下の文章の空欄A〜Cに入る用語の組み合わせとして、最も適切なものを下記の解答群から選べ。

　ある商品について、当該店舗の発注担当者は在庫量を毎日確認し、需要予測に基づいて必要と見込まれる数量を毎日発注している。ここで行われている発注方法を一般的に　　A　　という。

　適正在庫を維持するためには、発注量を決めるための需要予測量を計算する期間を　　B　　にする必要がある。また、毎日計算する発注量は、需要予測量と安全在庫の合計数量から発注時の　　C　　を減算して求める必要がある。

〔解答群〕

　ア　A：定期発注方式　B：調達期間　C：手持在庫量

　イ　A：定期発注方式　B：調達期間と発注間隔の合計期間　C：手持在庫量

　ウ　A：定期発注方式　B：調達期間と発注間隔の合計期間　C：有効在庫量

　エ　A：定量発注方式　B：調達期間　C：有効在庫量

　オ　A：定量発注方式　B：調達期間と発注間隔の合計期間　C：手持在庫量

<table>
<tr><td>解答</td><td>ウ</td></tr>
</table>

■ 解説

　定期発注方式とは、週に1回や月に1回のように発注する間隔を定めておき、発注の際に在庫量や需要量に応じて発注量を計算して発注する方式である。定量発注方式とは、在庫量が前もって定められた水準（発注点）まで下がったときに、決められた量（発注量）を発注する方式である。本問は毎日発注しているので、定期発注方式である。

　下の図のように、適正在庫を維持するためには、発注量を決めるための需要予測量を計算する期間を調達期間と発注間隔の合計期間とする必要がある。

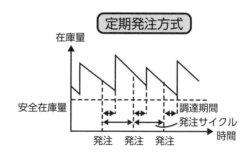

　手持在庫量とは、今所持しているすべての在庫量である。その中には販売予定や使用予定のある在庫（引当在庫）が含まれることがある。有効在庫量は引当在庫を含まない在庫量である。発注量は、需要予測量と安全在庫の合計数量から発注時の有効在庫量を減算して求める。

　以上より、ウが正解である。

物流センターの管理と運営

➡ p.210

■ 令和4年度　第36問

物流センターの運営に関する記述として、最も適切なものはどれか。

ア　3PLは、荷主が物流事業者に代わって物流センターを運営することである。

イ　ASNは、出荷する商品に誤りがないかを確認する出荷検品に利用される。

ウ　在庫管理の重点を決める手法として、ABC分析が利用される。

エ　種まき方式ピッキングは、オーダー別に商品を一品ごとに集品する方法である。

オ　マテハン機器のうち、パレタイザは保管用の機器であり、AGV（Automatic Guided Vehicle）は仕分用の機器である。

解答	ウ

■ 解説

　物流センターの運営に関する問題である。

ア：不適切である。サードパーティーロジスティクス（3PL）とは、荷主企業（first party）や物流企業（second party）以外の第3者（third party）が荷主に対して物流改革を提案し、包括して物流業務を受託し遂行することをいう。3PL事業者が自社で輸送手段や保管施設などの資産を持つアセット型と、こうした資産を持たないノンアセット型に分かれる。ノンアセット型の場合は、他の運送事業者や倉庫事業者を利用して効率的な物流業務をコーディネートする業務を行う。

イ：不適切である。ASNはAdvanced Shipping Noticeの略である。事前出荷通知を意味しており、EDI（電子データ交換）取引で、小売店舗からの商品発注に対し、納品日時、納品内容を商品搬送前に電子的に送付する。従来の商品と伝票が同時に送られるやり方に対し、店側は予定商品着荷時間と内容が把握できるので事前に要員計画や準備ができ、効率的な商品搬入が可能となる。

ウ：適切である。

エ：不適切である。種まき方式とは商品・物品をピッキングしておき、荷さばき場に持って行ってから出荷先別に分ける方法である。オーダー別に商品を1品ごとに集品する方法は摘み取り方式である。

オ：不適切である。パレタイザとは、パレット上に自動で積載する装置である。AGV（Automatic Guided Vehicle）は無人走行する搬送用台車のことである。

　以上より、ウが正解である。

　1次試験の運営管理の知識は2次試験でも必要とされており、1次試験の中でも財務会計や企業経営理論と並び、重要な科目である。1次試験後にスムーズに2次試験対策に入るために、1次試験の対策を行っている間から2次試験での問われ方を把握しておこう。

【こう問われる！】

> 【平成26年度 事例Ⅲ　第2問　改題】
> 　C社は、超精密小型部品を生産、販売する企業である。C社の切削工程では、加工不良率の増加による歩留りの低下傾向が問題視されている。切削工程の加工精度は、自動旋盤の精度に左右されるが、現在の経営計画には自動旋盤の更新計画はない。設備オペレーターが故障対応に主眼を置いて、それぞれの経験で行っている自動旋盤のメンテナンスについての対策が必要となっている。
> 　C社の切削工程で問題視されている加工不良率の増加について、その改善を図るために必要な具体的対応策を述べよ。

【解答例】
　メンテナンス方法を変え、自動旋盤の精度を向上させる。具体的には、①設備オペレーターがそれぞれの経験で行っているメンテナンスを、標準化する。②故障対応に主眼を置いて行っているメンテナンスを改め、予防保全を行う。

【解説】
　2次試験では、与件文に書かれた具体的な企業の事例をもとに、1次試験で学んだ知識を活かして解答する。つまり、1次試験で学んだ知識を理解できていないと、「標準化」や「予防保全」といった対応策が浮かばず、解答が書けなくなってしまう。このため、1次試験対策のうちから2次試験を見据えておくことが診断士試験合格に有効である。
　本問題の解答となった「標準化」は生産管理の【論点3】、「予防保全」は生産管理の【論点34】で解説しているため、参考にしてほしい。

I

生産管理

第1章	生産管理の概要
第2章	設計
第3章	調達
第4章	作業
第5章	工場計画
第6章	鉱工業技術に関する基礎技術
第7章	廃棄物等の管理

2次 **論点1** 生産管理とは

ポイント

生産現場のあるべき姿は、QCDが最適化されている状態であり、QCDを最適化するために生産管理を行う。２次試験では、"C社"が抱えるQCDに関する問題に取り組む。

　生産管理の定義は、「財・サービスの生産に関する管理活動」とされ、具体的には、「所定の品質、原価・数量及び納期で生産するため、又はQCDに関する最適化を図るため、人、物、金、情報を駆使して、需要予測、生産計画、生産実施、生産統制を行う手続き及びその活動」とされている。なお、狭義では、「生産工程における生産統制を意味し、工程管理ともいう」とされている。

◼ 設計・調達・作業

　生産活動は、設計・調達・作業から構成される。それぞれの作業を実施するために、4Mの投入が必要になり、その結果として製品を産出して目標のQCDを達成することが必要になる。

【 生産管理の概要 】

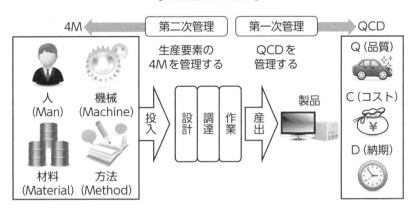

◪ 4M

　4Mとは、人（Man）、機械（Machine）、材料（Material）、方法（Method）の頭文字をとったものである。経営戦略において、いかに効率よく4Mを投入

していくかが重要となる。そして、4Mの投入に対して、より高いQCDを得ることが製造業の目標となる。顧客に提供する製品、サービスの品質は、均一であることが理想であるが、もし工程内で不具合が発生している場合、その原因としては、4Mのいずれかが変化することで不具合が発生していると考えられる。

3 QCD

QCDとは、品質（Quality）、価格（Cost）、納期（Delivery/Time）の3つから構成され、生産の3条件や需要の3要素と呼ばれる。製造現場においては、この3つについて目標を定め、目標の達成のために手段を組み立てることが必要となる。

品質は、目標として狙った品質である設計品質と、製品の実際の品質である製造品質から構成される。コストは製品の製造原価である。納期は、受注から納品までの工程を管理することで達成される。つまり、受注生産の概念であり、見込生産などのリードタイムとは概念が異なってくる。

さらに、QCDといった生産管理の基本的要素に加え、製品（Products）、安全（Safety）、モラール（Morale）、環境とエコロジー（Environment or Ecology）を加えた、PQCDSMEが生産管理の目標や評価の尺度に利用される。

これらの指標はすべて高いこと（コストは安く、納期は早いこと）が理想であるが、現実はそうはいかない。指標間のトレードオフを考えながら、総合的に生産に取り組む必要がある。

追加 ポイント

〈生産管理の第一次管理と第二次管理〉
・生産管理の第一次管理は、PQCDSMEを管理する活動である。
・生産管理の第二次管理は、4Mを管理する活動である。（具体的には、資材管理、外注管理、在庫管理、設備管理、作業管理、労務管理と多岐にわたる。）

過去問 過去5年間での出題はない。

論点2　生産活動の評価

ポイント

> 生産活動を含めた経営活動は実行するだけではなく、実行後の成果を評価することが重要である。生産活動が効率的に行われているかを生産性の指標で評価する。

　経営活動は財務活動、調達活動、生産活動、販売活動などから構成される。生産活動は、経営活動の1つであり、工場だけで生産活動が成立するわけではない。生産の諸活動を行うために計画を立案し、活動を評価していくことが必要となる。

【 経営活動の全体像 】

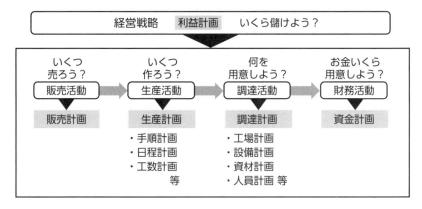

1 生産性とは

　生産活動の中では、生産性を評価していく必要がある。生産性とは、投入量と産出量の比率を指し、投入量に対して産出量の割合が大きいほど生産性が高いことになる。投入される経営資源としては、労働、資本、土地、原料、設備、などが挙げられる。産出される量としては、生産量、生産額、売上高、付加価値などがある。

$$生産性＝\frac{アウトプット（産出量）}{インプット（投入量）}＝\frac{生産活動の成果}{成果を上げるに要した経営資源の使用量}$$

2 生産性指標の種類

　通常、生産性というと、労働を投入量として測った生産性（労働者1人1時間当たりの生産性＝「労働生産性」）を指す場合が多い。生産性は効率や能率と同じ概念で、効率性を示す指標である。しかし、効率や能率に比べて、生産性は具体的な数値尺度を持っているという特徴がある。生産性の数値尺度は、単独で用いるよりも、他社の生産性と比較することによってさらに有用な指標となる。

　ここでは、代表的な生産性指標の項目を列記する。

【 代表的な生産性指標 】

労働生産性	＝	生産量÷投入工数
資本生産性	＝	生産量÷投下資本
設備生産性	＝	生産量÷設備稼働時間
操業度	＝	実際生産量÷標準生産量
稼働率	＝	有効作業時間÷総実働時間
歩留まり	＝	産出された品物の量÷原材料投入量

追加 ポイント

下記の指標も確認しておこう。
- 直行率＝工程内の検査および出荷前の検査のすべての検査に対して1回で合格した製品数÷検査した製品数
- 不適合率＝検査によって不適合と判断された製品の数÷検査対象の製品の総数
- 度数率＝死傷災害件数×1,000,000÷延べ労働時間数
- 強度率＝延べ労働損失日数÷延べ実労働時間数×1,000
- 年千人率＝1年間の死傷者数÷1年間の平均労働者数×1,000
- 注文リードタイム：顧客が注文してから手にするまでの時間
- 生産リードタイム：生産の着手時期から完了時期に至るまでの期間

過去問

令和5年度　第1問　生産性指標
令和5年度　第21問　強度率や歩留まり
令和4年度　第1問　生産活動の管理指標
令和2年度　第1問　管理目標
令和元年度　第1問　生産活動の管理指標

論点3　生産の合理化

ポイント

生産管理の中で、常に現場の生産性向上のために、さまざまな取組みが行われる。具体的な生産現場の改善は後述の第4章① IE (Industrial Engineering) を併せて確認してほしい (第4章【論点22～26】参照)。
本論点では合理化の基本的な手法を把握する必要がある。

❶ ECRS

ECRSは、「改善の4原則」でトヨタなど、高い生産性を世界に誇る日本の生産現場の改善で使われてきた業務改善の原則で、工場内の工程、作業、動作に関する改善の指針になるものである。

【 ECRS 】

Eliminate やめる、捨てる、除く	何のために行っているかを見直し、目的を改善することで、手段そのものを不要にする。
Combine 統合する、結合する	別々のものを一緒に行うことで、効率化できないか考える。
Rearrange 置き換える	従来の手順や、並べ方の順序を入れ替えることで効率化できないか考える。
Simplify 簡単にする、単純にする	E→C→Rができなかったときに、Sとして、その手段そのものを単純化できないか考える。

❷ 3S

3S は、単純化 (Simplification)、標準化 (Standardization)、専門化 (Specialization) の頭文字のSを並べたもので、生産の合理化における基本原則である。生産を合理化するにあたっては、3Sを次のように活用する。

【 3S 】

単純化 Simplification	複雑化した製品や仕事自体を簡易化し、作業負荷を下げて効率化を図る。
標準化 Standardization	繰り返し発生する作業手順を標準化し、同じ結果を得られるようにして品質の安定性を保つ。
専門化 Specialization	作業員の携わる製品や機械を限定し専業化することで、優位性を保つ。

⑤ 5S

　5Sは、整理、整頓、清掃、清潔、躾のローマ字の頭文字を取ったものである。職場環境の美化、従業員のモラル向上などの効果が期待するものである。

　5Sを徹底することにより得られる間接的な効果として、業務の効率化、不具合流出の未然防止、職場の安全性向上などが挙げられる。これは、整理整頓により職場をよく見るようになり、問題点の顕在化が進むためである。

【 5S 】

整理 (せいり：Seiri)	いらないものを捨てること
整頓 (せいとん：Seiton)	決められた物を決められた場所に置き、いつでも取り出せる状態にしておくこと
清掃 (せいそう：Seisou)	常に掃除をして、職場を清潔に保つこと
清潔 (せいけつ：Seiketsu)	上記の3S (整理、整頓、清掃) を維持すること
躾 (しつけ：Shitsuke)	決められたルール・手順を正しく守る習慣をつけること

④ 3Mと4M

　生産管理が対象とする構成要素は、人 (Man)、機械 (Machine)、材料 (Material) の3つで基本的な3M、さらに、方法 (Method) を加えて4Mという。

追加 ポイント

〈5W2H〉
生産現場以外の改善にもよく利用される、「5W2H」を確認しておきたい。「what 何を」、「when いつ」、「who 誰が」、「where どこで」、「why なぜ」そして「how どうやって」、「how much どのくらい」という問いかけで作業内容を確認する手法である。

過去問	令和5年度　第18問　ECRSの原則
	令和4年度　第20問　作業改善のための原則
	令和3年度　第1問　5Sそれぞれの意味
	令和3年度　第2問　生産管理における基礎的な理論および考え方
	令和2年度　第21問　生産の合理化
	令和元年度　第17問　5Sの手順

2次 **論点4** 生産形態

ポイント

生産形態の違いによって、生産管理の重点ポイントは変わってくる。その
ため、企業がどの生産形態で運用されているのかを確認し、生産形態に合っ
た管理手法を行っていく必要がある。

1 受注生産と見込生産

　受注生産と見込生産は、注文や生産のタイミングによる生産形態の分類であ
る。たとえばハブラシなどの日用品を購入したい場合は店舗に行って、その場
で購入が可能である。これは生産者が需要量を見越して、見込生産を行ってい
るからである。一方、ビルや大型船舶などは、注文を受けて、仕様を決めてか
ら製造を開始することになり、受注生産となる。

【 受注生産と見込生産 】

見込生産

その場で購入

・売れそうだから
・注文後だと間に合わないから⇒作っておこう

受注生産

注文

・少ししか作れないから
・何作るかわからないから⇒注文後に作ろう

2 個別・ロット・連続生産

【 仕事の流し方による分類 】

	個別生産	ロット生産	連続生産
生産量	少ない	中間	多い
生産形態	受注生産	中間	見込生産
生産方式	多品種少量生産	中品種中量生産	少品種多量生産
工場レイアウト	機能別レイアウト（ジョブショップ型）	中間	製品別レイアウト（フローショップ型）
作業者	多能工	中間	単能工
段取替え数※	多い	中間	少ない

※段取替えとは、品種や工程内容が変わる際に生じる作業のこと。作業内容の確認や、部材や工具の取替え、清掃
　などが含まれる。

仕事の流し方による分類とは、1個ずつ生産するのか、ロットと呼ばれるある一定量の単位で生産するのか、連続して生産し続けるのかの違いである。

3 少品種多量生産・多品種少量生産

　製品の種類数と生産量による分類である。わが国でも、1970年代頃までは、大量生産で大量消費の時代であったため、少品種多量生産が一般的で、効率的に大量に製造を行うことがポイントであった。しかし、社会の成熟につれて、顧客のニーズが多様化したため、多品種少量生産となる製品が増加している。

【 製品の種類数と生産量と流し方 】

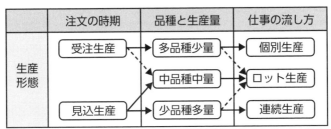

出所：『演習　生産管理の基礎』藤山修巳著　同友館　を一部加筆

追加 ポイント

〈デカップリングポイント〉
受注に対してどのポイント（タイミング）で在庫を持つか、計画主導型の計画系業務と受注主導型の実行系業務の切り替えポイントのことである。たとえば、受注してから製品の組立を行うような、BTO（Build To Order）の場合は、部品加工までが計画に従って進められ（計画主導）、それ以降は、受注が入った後に進められるため（受注主導）、加工と組立工程の間の▲がデカップリングポイントになる。

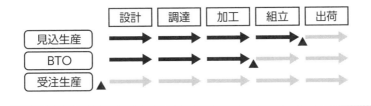

過去問　令和3年度　第2問　生産管理における基礎的な理論および考え方
　　　　令和元年度　第2問　加工品の流れによる区別

A / 2次 論点5　生産方式（ライン生産）

ポイント

> ライン生産方式とは、いわゆる流れ作業のことで、品物がラインを移動するにつれて加工が進んでいく方式である。少品種多量生産を連続生産で実施する場合に用いられる。大量生産に最も適合した方式である。

❶ ライン生産方式

　ライン生産方式とは、ある期間において、単一の製品を大量に製造するための方法である。大量生産を行う工場で製品の組立工程、作業員の配置をライン化し、ベルトコンベアなどにより流れてくる機械に部品の取り付けや加工を行う生産方式である。

【 ライン生産のメリット・デメリット 】

メリット	デメリット
・作業が単純化できる ・専門の作業員の育成を行いやすい ・モノの流れが単純で管理がしやすい ・生産性が高い	・製品の仕様変更の柔軟性が低い ・作業内容の変更時には装置の配置換えなどが必要になる ・単純作業が増え、作業員のモチベーション向上が難しい

❷ ライン生産方式の種類

　ライン生産方式は、生産する品種や段取替えの有無によって下図のように分類される。

【 ライン生産の種類 】

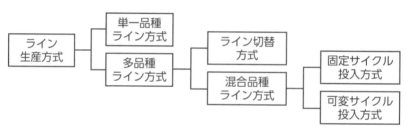

ライン切替方式は、段取替えにより複数の品種を生産する方式である。混合品種ライン方式は、段取替えをせずに複数の品種を交互に生産する方式である。固定サイクル投入方式は、一定の時間間隔で品物をラインに投入する方式である。一方、可変サイクル投入方式は、品物に応じて時間間隔を変えラインに投入する方式である。

【 多品種ライン生産方式の種類の内容 】

方式		段取替え	作業工程数	投入サイクル
ライン切替方式		品種が変われば段取替えを行う	品種によって異なる	品種が変われば変わる
混合品種ライン方式				
	固定サイクル投入方式	品種が変わっても、段取替えを行わない	品種が変わっても作業工程数は同じ	同一サイクルで投入する
	可変サイクル投入方式			品種に応じて投入サイクルは変わる

3 ライン生産方式の設計

① サイクルタイム

ラインを設計する際には、まずサイクルタイムを決定する。サイクルタイムとは、生産ラインに資材を投入する時間間隔である（製品が産出される時間間隔と通常は同じ）。サイクルタイムは、通常、計画期間中の生産計画量を、計画期間中の能力で生産できるような時間間隔として決定される。

$$サイクルタイム = \frac{生産計画日数 \times 実稼働時間}{生産計画数量}$$

② ラインバランシングとは

ライン生産を行うには、ラインのバランシングが重要になる。各工程にかかる時間差をなくすことで、作業者の手待ちをなくし、ラインの生産性を向上させることにつなげるためである。

次ページの図表では、Case1では、ラインバランシングできておらず、Case2ではラインバランシングされている。その結果はどうなるだろうか？

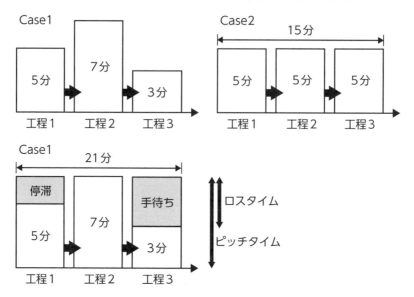

【 ラインバランシングとピッチタイム 】(ピッチダイヤグラム)

上記の図表では、Case1、2ともに、1個の製品を作るのには15分かかる。しかし連続ライン生産を行うと、Case2は、15分毎に製品が製造されるのは変わらないが、Case1では、21分毎に製品が製造されることになる。なぜなら、工程の作業時間にバラつきがあると、ピッチタイムが長くなり、停滞や手待ち（ロスタイム）が発生するためである。

ロスタイムをなくし、どの工程も同じ時間で作業が完了するように工程を設計することで、ピッチタイムが短縮化され全体の作業時間の削減につながる。そのため、ライン生産方式にとっては、ラインバランシングの実施が重要となる。

③ ラインバランシングを実施する

ラインバランシングの実施手順は、「各作業ステーションの作業時間を測定」し、「ピッチダイヤグラムを作成」する。ピッチダイヤグラムとは、横軸に作業ステーション、縦軸に各作業ステーションの作業時間を並べた、上記の【ラインバランシングとピッチタイム】の図表である。

ピッチダイヤグラムから、ライン編成効率とバランスロス率を計算し、ラインバランシングの効率を評価する。一般的には、ライン編成効率90%以上、つまりバランスロス率10%以下が目標となる。

$$\text{ライン編成効率} = \frac{\text{作業時間の総和}}{\text{作業ステーション数} \times \text{サイクルタイム}}$$

バランスロス率＝1－ライン編成効率

【 ラインバランシングを実施する手順 】

作業を割り当て

作業要素間の先行関係を満たしながら、各作業ステーションの作業時間が均等になるように作業を割り当てる。

改善後のピッチダイヤグラムを作成

改善後のピッチダイヤグラムを作成し、改善前と比較する。

改善後のライン編成効率とバランスロス率を計算

ピッチダイヤグラムからライン編成効率、またはバランスロス率を計算し、目標とする効率に到達したかどうかを評価する。

追加 ポイント

ラインの編成効率を高めるためには、次のような方法がある。
①ボトルネック工程の作業を機械化などにより効率化する。
②作業の分割や合併を行う。
③作業を並列化する。
④中間ストックや作業域（フロート）を確保する。
⑤作業方法を改善する。
⑥作業者の再配置、掛け持ち、応援体制を確立する。

過去問

令和5年度　第6問　サイクルタイムとバランスロス
令和4年度　第2問（設問1）　要素作業の割り付け
令和4年度　第2問（設問2）　ライン編成効率
令和3年度　第5問　ライン編成効率
令和2年度　第16問　ラインバランシング
令和元年度　第5問　サイクルタイムと最小作業工程数

論点6 生産方式 (製品多様化対応)

ポイント

> 顧客の製品ニーズの多様化や、短納期要請の高まりなどで、従来の生産方式をカスタマイズした生産方式が開発されている。生産方式の仕組みとともに、どういった場合に利用されるのかを確認しておきたい。

◢1◣ BTO (Build To Order)

　顧客からの注文を受けてから生産を開始する受注生産方式である。リードタイムを短縮するために、部品やユニットまでは見込生産を行って在庫を保有し、顧客の注文 (オーダー) に応じて組立を行う方式である。コンピュータメーカーであるデルのパソコン生産方式が代表的である。顧客はパソコンの色や仕様を選択でき、デルは製品在庫を減らせるメリットがある。

【 BTOのイメージ 】

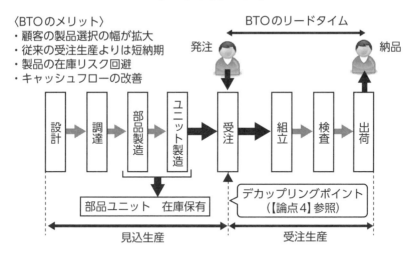

〈BTOのメリット〉
・顧客の製品選択の幅が拡大
・従来の受注生産よりは短納期
・製品の在庫リスク回避
・キャッシュフローの改善

BTOのリードタイム

発注　　　　　　　　　　納品

設計 → 調達 → 部品製造 → ユニット製造 → 受注 → 組立 → 検査 → 出荷

部品ユニット　在庫保有

デカップリングポイント
(【論点4】参照)

見込生産　　　　　　　　受注生産

◢2◣ セル生産

　ライン生産では、少品種多量の製品を効率的に製造することが目標になる。しかし消費者ニーズが多様化した現代では、多品種少量の製品製造を短納期で実現することが求められる。そのため、製造する製品の仕様変更に機動的に対応できる生産体制の構築を目指して、セル生産が登場した。

セル生産方式は、使用する部品の類似性に基づいて部品をグループ化し、その部品を生産するための機械もグループ化して生産するグループテクノロジー（GT）を利用した生産方式である。1人または少数の作業者チームで製品の組立工程を完成・検査まで行い、ライン生産方式などの従来の生産方式と比較して、作業者1人が受け持つ範囲が広いのが特徴である。作業者または作業者チームの周囲に組付工具や部品、作業台が「コ」の字型に囲む様子を細胞に見立てたため、セル生産方式と呼ばれる。特に、1人の作業者で製品を完成させる方式を、作業台を屋台に見立てて「1人屋台生産方式」とも呼ばれる。

【 セル生産のメリット・デメリット 】

メリット	デメリット
・ライン生産方式より、 　多品種少量生産に対応しやすい 　工程間のバラつきを抑えやすい ・作業者の多能工化が図りやすく、単一工程 　作業よりもモチベーションが上がりやすい	・新製品に切り替える際、習熟に時間 　がかかる可能性がある ・多能工の育成に時間がかかる

【 セル生産のイメージ 】

1人または少数の作業者チームで製品の加工、組立から、検査をして完成までを行う。

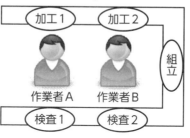

追加 ポイント

〈マスカスタマイゼーション〉
顧客ニーズに対応したカスタマイズ製品の提供と、大量生産（マス生産）の両方を実現し、かつ開発リードタイムの短縮を実現する手法である。最終製品を構成する1工程前の部品を事前に生産し、個別オーダー毎にその部品を組み合わせることで、幅広い顧客ニーズに対応する。

過去問　過去5年間での出題はない。

論点7 生産方式（その他）

ポイント

【論点6】に引き続きいくつかの生産方式が登場する。その中でもJITは多品種少量生産を自動車業界で実現するため、スーパーマーケットの仕入を参考にして「必要な時に必要な量だけを引き取る」という考え方を実現したものである。

1 JIT（ジャスト・イン・タイム）

　JITは、経済効率を高めるための生産技術で、トヨタ自動車の生産方式であるカンバン方式として知られている。「必要な物を、必要な時に、必要な量だけ生産」し、工程間の仕掛在庫を最小に抑えることで、在庫管理費用を圧縮しキャッシュフローの改善につなげる。

　工程間在庫をなくすと、完全受注生産になる。しかし、完全受注生産では、注文から出荷までのリードタイムが長くなる。一方で、見込生産を行うと、資金の投資から回収までの期間が長くなり、さらに、販売不振による商品の切り替えが発生した場合、多量の仕掛在庫損失が発生する可能性もある。そこで、JITでは、工程間在庫の最小化を狙って、後工程から引き取られた量を補充するためにだけ生産活動を行う方式である「プルシステム」が採用されている。

【 プルシステムのイメージ 】

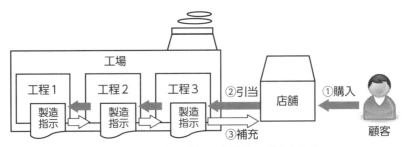

販売された分だけ、工場に対して製造指示が出される。
後工程から順に引き当てられていくイメージとなる。

② 生産座席予約方式

受注時に、製造設備の使用日程・資材の使用予定などにオーダーを割り付け、顧客が要求する納期どおりに生産する方式である。この方式は、製造工程を座席と見立てて、営業部門が飛行機の座席を予約するようなイメージで顧客の希望する製品の出荷を予約するものである。販売部門、生産部門、生産管理部門での情報共有の活性化にもつながるとされる。

【 生産座席予約方式のメリット 】

メリット
・顧客情報を一元管理できる ・顧客の見積もりや注文時点で正確な納期を提示できる ・販売部門と生産部門間の情報のリアルタイムな共有が図れる ・生産部門は受注情報を早期に入手でき、後続工程の準備を行いやすい

③ 製番管理と追番管理

製番管理とは、製品の製造単位（製造ロット）に生産活動に必要な仕事を「製番」と呼ぶ管理番号で束ねる管理方式である。製造指図書などを発行する際に、その製品に関するすべての加工と組立の指示書を同時に準備し、同一の製造番号を各々に付加して進捗管理、品質管理を行う。部品が1点でも遅延すると組立が開始できないが、関連する情報が紐づいているので生産状況が把握しやすく、品質保証を行ううえでの必要な情報のトレースが容易にできる。

追番管理は、製品・部品等の生産すべき数量を累計で管理する方式である。生産の計画と実績に追番をつけ、計画と実績の差で手配計画や進度管理を行う。

製番管理	個別受注生産における工程別の日程管理に活用される。
追番管理	見込生産やロット生産の日別の数量管理に活用される。

〈モジュール生産方式〉
あらかじめモジュール部品を複数用意し、受注後にそれらの組み合わせによって
多品種の最終製品を生産する方式で、リードタイムの短縮が期待できる。
〈制約理論（TOC理論）〉
ボトルネックを発見し、解消することが重要であるという理論である。また、
DBR（ドラム・バッファ・ロープ）は制約理論を実現するための生産スケジューリング手法で、ボトルネック工程に合わせて、生産スケジュールを決める手法である。
・ドラム：生産計画での資材調達計画や生産開始の指示のタイミング。製造プロセスの各工程に おいて、一定のリズムに合わせて生産を進める役割を果たす。
・バッファ：設備故障や作業遅延などに対する余裕分を含めたリードタイムのこと。
・ロープ：資材調達など上流の工程を最も遅い後工程の進捗と同期する仕組みのこと。

過去問

令和5年度 第13問 追番管理
令和4年度 第4問 生産方式
令和4年度 第9問 制約理論（TOC理論）
令和3年度 第6問 ジャストインタイム
令和2年度 第8問 製番管理方式
令和元年度 第6問 生産座席予約方式

論点8　需要予測

ポイント

企業は需要を予測して生産を行う必要がある。需要予測の正確性が欠けると、（特に見込生産企業においては）過剰在庫や欠品による機会損失を招くため、需要予測精度の向上は重要である。

◼ 需要予測の手法

需要予測は、過去の需要の変動を分析し将来の需要を推定する。代表的な需要予測の手法として、移動平均法、指数平滑法、線形計画法がある。

① 移動平均法

過去の売上数などを需要予測の値として用いる。単純移動平均法であれば、過去の一定期間の実績データの単純平均を求め、その平均値を予測値とする。一方、加重移動平均法では、ある「重み」を与えて、その平均値を求め予測する。たとえば、先月の重みを大きくし、それ以前の重みを小さくすることで、直近の売上の動向を反映することが可能になる。

【 直近の売上の動向を反映した加重移動平均法の例 】

	売上	重み
1ヵ月前	100万円	1.0
2ヵ月前	60万円	0.8
3ヵ月前	30万円	0.4
4ヵ月前	40万円	0.2

売上予測
$$= \frac{100\,万円 \times 1.0 + 60\,万円 \times 0.8 + 30\,万円 \times 0.4 + 40\,万円 \times 0.2}{1.0 + 0.8 + 0.4 + 0.2} = 70\,万円$$

② 指数平滑法

観測した数値が古くなるに従って、指数的に重みを減少させる重み付けを行

う移動平均法である。

単純な指数平均法（1次式）の計算式は、以下のように表される。

予測値　＝　α×前回実績値＋（1－α）×前回予測値

　　　　＝　前回予測値＋α×（前回実績値－前回予測値）

実際に数値を当てはめてみると、前年の需要予測が100百万円で、実際の売上高が80百万円で、平滑化定数αが0.8の場合、

需要予測値　＝　100＋0.8×（80－100）＝84百万円　　となる。

③線形計画法

目的とする売上関数と制約条件を数式で表して、その解を求める方法である。代表的な解法に、図式解法とシンプレックス法（単体法）がある。ここでは、図式解法で以下の例題に取り組む。

［例題］

製品AとBを売り出している会社がある。製品の製造のためには、金属板とボルトとナットが必要である。製品1個を製作するために必要な部品の数は以下のとおりである。部品の総数が決まっている場合、売上高を最大にするには、製品AとBを何個ずつ作るべきか？

	金属板	ボルト	ナット	単価
製品A	1枚	1個	3個	2千円
製品B	2枚	1個	1個	3千円
部品の総数	14枚	8個	18個	―

この例題を数式化して、グラフ化して考えてみる。

売上高の合計をZとすると、Z＝2A＋3B（千円）となる。

次に部品の個数には制約がある。

```
金属板　1×A＋2×B≦14　←金属板はAで1枚、Bで2枚使う（総数14）
ボルト　1×A＋1×B≦8　　←ボルトはAで1個、Bで1個使う（総数8）
ナット　3×A＋1×B≦18　←ナットはAで3個、Bで1個使う（総数18）
```

さらに、部品の個数はマイナスにならないので、A≧0、B≧0となる。

これらをグラフで表してみる。

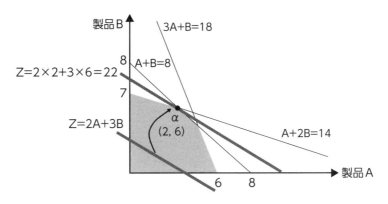

【 線形計画法 】

図表の塗りつぶし部分が、制約条件を満たす領域となる。この領域内でZの値が最大になる場所を探すと、直線Zが点αで接するときの切片が最大になることがわかる。つまり、A+B=8とA+2B＝14 の交点αの座標を計算する。

この連立方程式を解くと、A=2、B=6となることがわかる。

よって、Z=2A+3B＝22（千円）となる。

製品Aを2個作って、製品Bを6個作ったときに、この企業の売上高が22千円で最大になるということである。

追加 ポイント

時系列データの変動要素（店舗・販売管理【論点24】）も確認しておこう。
〈OR（オペレーションズリサーチ）〉
問題や課題に対するアクションの効果をシミュレーションにより予測をすることである。経営者の意思決定を支援するための科学的手法であり、需要予測もORの1つといえる。

過去問		
	令和3年度　第8問　需要予測法	
	令和2年度　第9問　需要予測	
	令和2年度　第12問　線形計画法	
	令和元年度　第8問　移動平均法と指数平滑法	

2次 論点9　生産計画の概要

ポイント

広義の生産計画は、生産管理におけるすべての計画を指す。ここでは、狭義の生産計画として、生産数量と生産時期に関する計画の内容を確認する。計画期間内に、どの製品をどれだけ生産するかを決定する計画である。

① 生産計画の種類

生産計画は計画の目的、期間によって、大・中・小の日程計画に分類される。

【 生産計画の種類 】

計画の種類	内　容
大日程計画 （期間生産計画）	設備、人員、資材の必要量を半年〜1年程度の期間で決定する。生産品種と数量、生産能力の検討が必要となる。
中日程計画 （月度生産計画）	必要な設備、人員、資材の入手時期を、1〜3ヵ月程度の期間で決定する。
小日程計画 （日程計画）	生産の着手、完了時期を、数日の単位で決定する。

② 受注生産の生産計画

受注生産の生産計画は、受注後に、設計、調達、作業という順に工程が進む。そのため、生産計画も受注後に立案する。顧客の仕様に応じて手順計画を策定し、工数計画、日程計画と立案していくことになる。

【 生産計画の概要 】

① 手順計画

　製品を生産するにあたり、その製品の設計情報から、必要作業、工程順序、作業条件を決める活動である。新たに受注生産品を受注した場合、設計した図面から材料をどのように使用し、どのような工具を使って、どのように加工を行い、組み立てるのかなどを検討する必要がある。これらの手順を考えるのが手順計画である。

② 工数計画

　手順計画に基づき、納期や生産量に対して、一定期間に必要な人員や機械を見積もり、要員の状況や機械の能力を鑑みながら、両者の調整を図るのが工数計画である。なお、工数計画は負荷計画を含むこともある。負荷計画は、生産部門に課す仕事量を計算し、これを計画期間全体にわたり、割り当てる活動となる。

③ 日程計画

　生産量と生産時期について計画を立案する。上述の手順計画や工数計画をもとに、生産部門における作業の開始・完了時期を決定する。

追加 ポイント

生産計画どおりに作業が進まない原因として、計画の不備や、飛び込みの注文、前工程や外注品の遅れ、設計変更の発生などが挙げられる。これらの変動要因をできるだけ吸収して、生産統制を容易にするための機能を生産緩衝機能という。生産緩衝には、①物の緩衝 (材料、仕掛品、製品在庫など)、②能力の緩衝 (残業時間、外注加工、予備要員の確保など)、③時間の緩衝 (余裕を持った納期設定、仕入先の納期を早めに設定するなど) がある。

過去問　令和元年度　第8問　生産計画の種類

論点10　生産統制

ポイント

生産統制とは、生産計画を予定どおり実行できるように、生産活動を統制していくことである。計画に対して進捗状況を把握して差異がある場合には、対策を実施して、その差異を解消していくことである。

① 生産統制とは

生産統制とは、生産計画を計画どおりに実施できるように生産活動を制御していくことである。生産統制は、作業手配と作業統制に大別され、さらに作業統制は、進度管理、現品管理、余力管理に分類される。

② 作業手配とは

作業手配とは、「ある機械・設備で、1つのジョブの加工が終わったとき、次に加工すべきジョブを決定し指示する活動」である。生産計画が確定した後、設備や人員、材料についての手配を行うのである。

また、日程計画で作業の開始・終了時刻が明らかになった後、生産活動の状況を見ながら各工程あるいは作業者に作業の準備や開始・終了時刻を指示する。

③ 作業統制とは

計画に対して生産の進捗状況を把握して差異がある場合には、即座に対策を実施して、差異を解消させていく必要がある。スケジュールや、人やモノ、機械を着実に管理していくのが生産統制の役割である。

① 進度管理

進度管理は日程計画に示された作業が、予定どおりに順調に進んでいるかを「どこまで進んだか」といった過程的進度と、「どれだけできたか」という数量的進度の両面から把握し、遅れている場合には迅速に遅延対策をとることである。目的は納期の確保と生産速度の向上にあり、作業の手配から完了に至るまでの流れを一貫して把握することが前提となる。

そのため、定例ミーティングを開催し、作業担当者から各作業の進行状況の報告を受けながら調整をしていくのが一般的なプロジェクトにおける進行管理方法である。後述のガントチャートやカムアップシステムなどで管理を行っていく（【論点11】）。

② 現品管理

現品管理は、仕掛品の所在と数量の所在の管理業務で、「何が、どこに、何個あるか」という現場の現物を確実に把握することである。現品管理を確実に行うことで、現品の不良・変質・破損・紛失による数量不足の防止、運搬作業や保管作業の容易化などを図ることができる。

③ 余力管理

余力管理は、人員や機械設備の能力と負荷とを調整して、手待ち時間をなくすことと、能力を上回る過剰の負荷を割り付けるのを防ぎ、進度の適正化を図ることである。したがって、前述の進度管理と並行して進められることになる。

進度管理は作業を日程計画に対する進み遅れの調整という面から管理するのに対し、余力管理は作業を負荷と能力のバランスをとるという面から管理するものである。

❹ 工程管理

工程管理とは工場における生産活動の生産計画に対して、納期および数量面から統制をかけることである。【論点9】の生産計画を含めて工程管理の全体像を以下に示す。工程管理は生産計画の立案や実行面での生産統制も含まれることになる。

【 工程管理の全体像 】

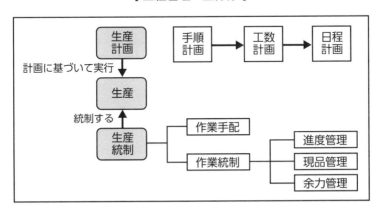

過去問	令和5年度　第10問　工数管理と余力管理
	令和3年度　第13問　現品管理
	令和元年度　第15問　生産計画と取るべき施策

論点11　個別生産における日程計画手法

> 個別生産では仕事の種類や規模、管理の仕方により日程計画手法が異なっ
> てくるため、その使い分けを把握する必要がある。

　個別生産における日程計画の方法は大きく2つに分かれる。ジョブショップ・
スケジューリングと、プロジェクト・スケジューリングである。

【 個別生産における日程計画手法 】

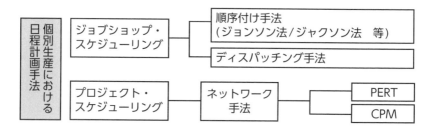

◼ ジョブショップ・スケジューリング

　ジョブショップとは、機能別配置の機械加工工場をモデル化したもので、生
産設備のモデルである。1台以上の機械とそこで処理されるジョブから構成さ
れる。ジョブショップのスケジューリング方法としては、「順序付け手法」と「ディ
スパッチング手法」がある。

① 順序付け手法

　計画期間毎に必要なすべての仕事を、総所要時間が最も少なくなるように配
分する方法である。一定期間の仕事を山積みした後に計画を立案する（期間山
積み法）。順序付け手法には、ジョンソン法やジャクソン法などがある。

　ジョンソン法は、2段階の工程に複数の生産オーダーが出ているとき、どの
ような順序で実施すれば全体の作業期間が最短になるかを把握する方法である。

(例) 2工程で、前工程→後工程の順で処理するラインがある場合に、完成まで
の総所要時間を最小化するジョブの投入順序をジョンソン法で考える。

【 前工程、後工程の作業時間 】

	前工程 ⇒	後工程
ジョブ1	4分	7分
ジョブ2	1分	7分
ジョブ3	3分	2分
ジョブ4	6分	4分
ジョブ5	4分	5分

順番に実施すると以下のように29分かかる。これをジョンソン法で改善する。

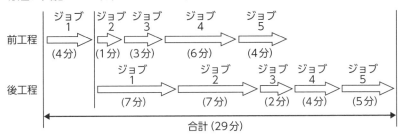

まず、作業時間が最小のジョブを見つける。この場合は前工程ではジョブ2
であり、後工程ではジョブ3である。

次に、選んだジョブが前工程で作業時間が最短であれば、最初に順序付けを
行い、後工程なら終わりに順序付けをする。

順序	1	2	3	4	5
ジョブ	ジョブ2				ジョブ3

↑前工程最短 　　　　　　　　　　　　　　　　　　　　　↑後工程最短

同じように、残りのジョブの順序付けを行う。

順序	1	2	3	4	5
ジョブ	ジョブ2	ジョブ1	ジョブ5	ジョブ4	ジョブ3

↑ジョブ2、3以外で前工程で最短

ジョンソン法を使うと、29分→26分と3分総所要時間が短縮された。

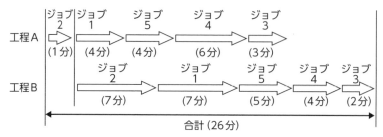

② ディスパッチング手法

　作業の順序をあらかじめ決めないで、次に処理する仕事をその優先度に応じて選択して処理する方法である。期間山積法とは異なり、ある時点で計画を立案することになる（時点計画法）。この優先度を決めるルールをディスパッチングルールという。

　ディスパッチングルールの代表的なものには、先着順、最小加工時間順、最大加工時間順、残り作業時間最小値順、残り作業時間最大値順、最早納期順、納期までのゆとり時間順（スラック順）などがある。

▌2▐ プロジェクト・スケジューリング

　多くの作業からなるプロジェクトにおいて、個々の作業とプロジェクト全体の日程を管理する方法である。計画の立案には、「PERT（Program Evaluation and　Review Technique）」や「ガントチャート」などが利用される。

① PERT図

　順序関係が存在する作業で構成されるプロジェクトを能率よく実行するためのスケジューリング手法である。アローダイヤグラムを用いて、作業の全体像を表現する。次の図のように、作業の関係がわかる。また、最長の作業経路をクリティカルパスと呼ぶ。この図では、作業D→作業Gの9日間がクリティカルパスとなる。全体の納期を短縮するには作業DかGを短縮するしかない。

　CPM（Critical Path Method）は、PERTに費用を考慮し、費用の最小化と納期の短縮化の両方を目的として考案された手法である。

【 PERT図 　（アローダイアグラム）】

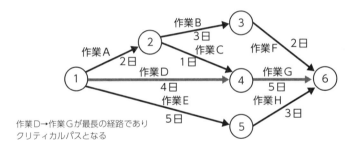

作業D→作業Gが最長の経路であり
クリティカルパスとなる

② ガントチャート

日程計画や日程管理などのための手法である。横軸を時間軸とし、縦軸に企画
や作業者、工程などを割り当て、各作業の開始から終了までを図示する。次の図の
ように、開始から終了時期が明確に確認でき、現状行っている作業が確認できる。

【 ガントチャート 】

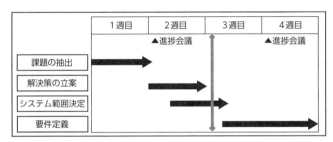

追加 ポイント

〈カムアップシステム〉
作業指示用の伝票を、日付順にキャビネットに立てて並べたものである。着手日
順に伝票を並べ、その日にやらなければいけない仕事の伝票がその日になると手
元に並ぶようにして、当日の作業を認識することである。

過去問

令和5年度　第8問　PERT図　　令和5年度　第9問　ディスパッチングルール
令和5年度　第13問　ガントチャートやカムアップシステム
令和4年度　第7問　CPM　　令和4年度　第8問　ジョブショップスケジューリング
令和3年度　第10問　ジョブの最短完了時間の計算 (PERT図)
令和3年度　第11問　ジョブショップスケジューリング
令和2年度　第10問　ジョブショップスケジューリング
令和2年度　第11問　CPM (クリティカルパスメソッド)
令和元年度　第9問　ジョブショップスケジューリング

論点12 設計と品質の種類

> 企業の活動として、顧客のニーズの変化や生産者の技術の向上、環境への対応などに応じて、新たな製品を企画することが行われる。そのニーズに対応する製品企画や、その企画に基づいて製品の設計を行っていくことになる。ただし、設計といっても工程により種類が異なってくる。

1 設計の種類

① 製品設計

期待する製品の性能を発揮させるために、構成部品の機能・形状とそれらの関連を決める活動である。

② 機能設計

期待する製品の性能を発揮するのに必要な機能と関連を求め、各機能を実現させる構造を求める活動である。

③ 生産設計

機能設計の内容について、生産に対する容易性・経済性などを考慮して設計する活動である。

2 品質について

品質にはさまざまな定義があり、最終的には、顧客要求を満たし満足させる程度となるが、設計段階には設計品質を定義するなど、工程の段階において、求める品質は変わってくる。

① 企画品質

企画品質とは、商品企画段階で決まる品質で、「顧客」の要求している品質を定義し、製品コンセプトに盛り込む品質である。

② 設計品質

設計品質（ねらいの品質）は設計図において規定された品質で、「設計者」が販売面、技術面、原価面などを考慮して決めたものである。

③ 製造品質

製造品質（できばえの品質）は「実際」に製造されたものの品質で、適合品質

ともいわれ、設計品質と多少の違いがある。 設計品質の決定の際には、製品の商品価値（すなわち売価）、工程能力（技術的な能力）、原価などを考慮するが、実際には能率の影響で製造品質が変動する。この製造品質が、実際の製造現場で使われる品質標準となる。

④ **使用品質** (fitness for use、usage quality)

　使用品質とは、実際に顧客がその商品を使用したときの品質で、一般的には製造品質と使用品質は一致しない。

【 品質のイメージ 】

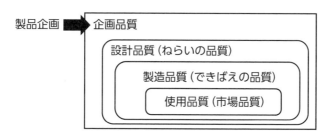

〈デザインレビュー〉

　開発における成果物を複数の人にチェックしてもらう機会のこと。設計書などの成果物を第三者の視点（営業、経理、購買、生産管理、品質保証など）でレビューすることによって品質を確保することを目的とする。設計の熟練者がレビュアーとなることは、設計担当者が気づかなかったような問題の発見・指摘が期待でき、品質確保のうえで非常に有効である。現在起きている問題やプロジェクトの進捗状況などの情報共有という観点からも有効である。

〈真の品質特性と代用特性〉

真の品質特性（扱いやすさや耐久性など）は定性的である場合が多く、品質管理を行うには、寸法や重量など定量的な数値に置き換える必要があり、これを代用特性という。真の品質特性では数値的な品質管理ができないため、現場では代用特性で管理を行っていく。

過去問　令和4年度　第3問　設計の種類
　　　　令和2年度　第4問　品質表

2次 論点13 VAとVE

ポイント

VA (Value Analysis) ／ VE (Value Engineering) は製品価値の向上の手法であり、購買部門を対象にしたVAが購買以外の設計や製造部門に広がり、VEと呼ばれるようになった。

VEは製品やサービスの価値を、それが果たすべき機能と、そのためにかけるコストとの関係で把握し、システム化された手順によって価値の向上を図る手法である。つまり価値を上げるための設計手法である。

1 価値

VEは以下の式の考え方で表される。

$$価値（Value）＝\frac{機能（Function）}{コスト（Cost）}$$

価値を高めるには、機能を高めたり、コストを下げたりということが考えられる。また、コストが上昇しても、それ以上に機能が拡大すれば価値は上がると考えられる（逆も同じである）。

2 機能

VEで対象となるのはすべての機能になるが、どの機能が消費者ニーズに適合するものかを考慮しながら進める必要がある。

【 製品の機能 】

機能の種類		内容
使用機能		本来の効用を果たすために必要な機能
	基本機能	これを欠くと、製品そのものの必要性や存在理由がなくなる機能（車であれば、運転する機能）
	補助機能（二次機能）	基本機能の達成を補助する機能（車であればワイパーやトランクなど）
魅力機能（貴重機能）		見栄えを良くする機能（内装を本革のシートにするなど）
不要機能		不必要な機能

3 コスト

コストについても機能と同じく、分類・細分化して、その中から下げられるものをピックアップしていく。財務の分野になるが、売上高と原価の構成について確認しておく。

VEでは、すべてのコストを対象とするが、主として製造原価を中心に改善を行っていく。

【 コストの分類 】

売上高	売上総原価	経常利益			
		営業外費用	営業利益	売上総利益	
	売上原価		販売管理費		
				商品仕入高	
		製造原価	直接費	直接材料費	
				購入部品費	
				外注加工費	
				直接労務費	
				直接経費	
			間接費	間接材料費	
				間接労務費	
				間接経費	

過去問　令和5年度　第3問　VEにおける製品の機能

2次 論点14 調達の概要

> 生産に必要な資材を調達して管理を行うが、その際には生産管理面からと、在庫保管費用などのコスト面の両面から最適な調達を実現していく必要がある。

1 資材管理とは

　調達する資材は、時間とともに種類や量が増えていくのが通常である。顧客の要望に応じて品種が増大し新しい製品が開発されていくためである。そのため、調達に関しては、常に資材の標準化を意識していく必要がある。資材の標準化とは、製品間で材料・部品を共通化する、あるいは製品用に新たに資材を開発するのではなく、規格品など市場に出回っている部品で流用するなどの活動である。

　生産管理の合理化手法である【論点3】3S（単純化、標準化、専門化）に相当する活動となり、下記のような効果が期待できる。一方で、標準化を推進しすぎると、技術革新やニーズへの変化対応が柔軟にできなくなる可能性もあり、バランスが重要である。

【 資材の標準化による効果 】

原価の低減	標準化することで資材点数が減少する。そのため、調達ロットが大きくなり、材料、部品が安価に入手できる。また、調達事務の負担が減り、経費削減も図れる。
納期の短縮	資材の標準化により規格品を利用できるようにすれば、調達期間の短縮が図れる。さらに、調達期間が短くなると対応する在庫量の削減につなげられる。
品質の安定化	標準化された規格品を採用することで、部品や材料の品質は安定したものとなる。
管理の容易化	資材点数の減少は、資材の管理など管理業務の低減と容易化につなげられる。

2 資材管理の基本機能

　資材管理の基本機能には、次の図表の6つがある。

【 資材管理の基本機能 】

資材計画	生産に必要とする資材の品目、数量の決定などである。
在庫管理	商品の数量的な管理活動であり、必要最低限の在庫量にコントロールすることが重要である。
購買管理	その調達先と有利な条件（支払条件・納入条件）で契約を行うための管理活動
外注管理	外注する目的を明確にしたうえで、適切な外注先を選択し適切な管理を行う活動
倉庫管理	購入資材の受け入れ、倉庫への納期、保管、出庫などの管理活動
運搬管理	工場内における資材の取り扱いや運搬に関する管理活動

❸ 資材標準化

資材標準化は、資材の種類を限定して品種の増加を防ぐ。そのため、資材管理の中でも最も重要な活動である。特に個別受注生産では、顧客の要望に基づいて設計が行われるため、部品点数や素材の種類が増加しがちである。個別受注のため、同じ部品を使う発注が入るとは限らないため、死蔵在庫も発生しやすい。死蔵在庫の増加は、キャッシュフローを悪化させることになる。

そのため常に資材標準化を意識して、単純化（Simplification）、専門化（Specialization）、標準化（Standardization）の3Sを推進する必要がある。

【 資材標準化の進め方 】

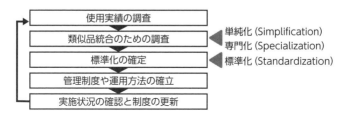

追加 ポイント

〈資材標準化のデメリットと常備品〉
資材標準化のデメリットにも留意しておきたい。設計や調達が保守的になり環境変化への対応が難しくなったり、無理に標準化することでかえって設計が複雑になることがある。

過去問 過去5年間での出題はない。

論点15 発注方式

ポイント

> 生産量や生産形態により、発注方式も異なってくる。それぞれの特性を把握して、生産に適した発注方式を決定する必要がある。

① 発注方式と在庫管理について

在庫管理では、欠品を防ぎつつ過剰な在庫を持たないという管理が求められる。そのためには実際の調達行為である発注方法に工夫が求められる。一般に工場では、扱っている資材の特性や多種にわたる生産品目などから、複数の発注方式を活用して適正在庫の維持に努めている。

本来であれば資材全部の在庫を日々確認し、生産計画の予定と実績を照らし合わせて、方式などの管理手法にこだわらずその都度、発注を行うのが一番よいだろう。しかし、よほど購入点数が少ない場合を除き、それは膨大な作業量となり、現実的な工場経営では不可能に近い。

そのため購入する資材の特性や、工場で消費されていく速度、その資材の調達期間の長さ、そして金額の大小などを考慮して、同じ特性の資材をグルーピングする、発注のロットサイズを大きくすることで管理の簡素化を行う必要がある。

代表的な発注方式として、次の定量発注方式と定期発注方式がある。

② 定量発注方式

在庫量が一定の量まで減少した時点で、予め設定した一定量を発注する方式である。一度発注量を決めてしまえば、運用管理が容易であり、事務処理の効率化や自動化につなげられる。その一方で、需要変動の激しい資材や、調達期間の長い資材については不向きである。

③ 定期発注方式

一定の期間で、その時点毎に需要量を予測し、予測に基づいて発注する方式である。定量発注に比べ、きめ細やかな対応が可能なため、需要変動が激しい資材に対しても対応が可能になる。その一方で、管理が複雑になり、運用負荷が高まる。

【 定量発注方式と定期発注方式の比較 】

	定量発注方式	定期発注方式
概要	在庫水準を下回ったら、経済的発注量 (EOQ) をその時点で発注する	発注する時期を決めておき、その時期が来たら、その都度発注量を計算する
発注量	一定	変動
発注間隔	変動	一定
対象	金額の小さい多品種の小物 消費量が安定しているもの	金額の大きい少品種の重要品目 陳腐化の恐れがあり、在庫調整が必要なもの
メリット	管理が簡易 自動化可能	需要の変化に対応できる 在庫量を減らせる
デメリット	需要の急な変化に対応できない 在庫量が増加する	管理が煩雑 自動化が困難

追加 ポイント

〈ダブルビン方式〉
資材が入ったビンを2つ用意しておき、一方のビンが空になった時点で、1つのビンの容量を発注する。定量発注方式のさらなる簡易版であるため、運用負荷は低い。使用量が多く、単価の安い小物類に適した発注方式である。

過去問
令和4年度 第10問 発注方式
令和3年度 第12問 発注方式
令和2年度 第13問 発注方式

論点16 定量発注方式

> 発注量は常に一定で、発注時期を不定期に行う発注方式である。管理のポイントは「在庫切れ」の防止にある。発注点方式とも呼ばれる。

　定量発注方式は、運用が定期発注方式に比べて容易で、発注量が決まれば、在庫量または消費速度を計測しておき、発注点に達すれば発注する。そのため自動発注なども実現しやすい。一方で、きめ細やかな発注の対応は難しい。需要変動が激しい製品の資材や消費速度のバラつきの大きい資材の場合、欠品や過剰在庫に陥りやすい。

【 定量発注方式 】

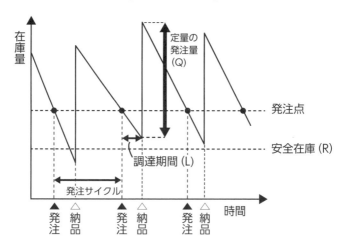

1 定量発注方式の安全在庫

　欠品を回避するためのバッファー（緩衝）の役目を果たすのが安全在庫である。納入から次の納入までの消費量の標準偏差と、資材ごとに求められた安全係数を掛け合わせて算出される。

$$安全在庫 = 安全係数 \times 消費量の標準偏差 \times \sqrt{調達リードタイム} = \alpha \times \sigma \times \sqrt{L}$$

　α：安全係数…許容欠品率やサービス率から決定。どの程度まで不確実性を

カバーするか意思決定する値である。

σ：消費量の標準偏差（バラつき）…商品調達中の需要量の不確実性である。

L：調達リードタイム（調達期間）である。

② 定量発注方式の発注点

定量発注は「在庫切れ」の防止に重きを置いており、発注点は在庫の数量によって決められる。

発注点は、調達期間に1日当たりの調達期間中の平均消費量を掛けて、安全在庫を加えたものである。

> 発注点
> ＝調達期間（資材の納期日数）×（調達期間中の平均消費量／日）＋安全在庫
> ＝L×D＋R

実際に数値を当てはめて考えてみる。

・L：調達期間（資材の納期日数）＝7日

・D：調達期間中の1日当たりの消費量の平均＝50個／日

・R：安全在庫＝200個　　とすると、

7日×50個＋200個＝550個　が発注点となる。

つまり、在庫が550個を切ったら発注する。

③ 経済的発注量（EOQ：Economic Order Quantity）

定量発注方式の1回当たりの発注量は、調達に要する諸費用の合計（T）と在庫維持に要する諸費用の合計（U）が最小になる値である。これを、経済的発注量と呼ぶ。いったん発注量を決定すれば、一定の発注量が継続されるため、発注量が少なすぎると欠品、多すぎると過剰在庫を招く。

なお、調達に要する費用には、人件費や設備の減価償却費などが含まれ、在庫維持に要する費用には、倉庫費、運搬費の他に在庫資金の金利や保険料も含まれる。

・年間発注量：S　　・在庫単価：C

・1回当たりの発注量：Q

・1回当たりの発注費用：A

・単位当たりの在庫維持費率：i

・平均在庫量：$\dfrac{Q}{2}$とすると、

調達に要する諸費用の合計（T）

　＝調達回数 ×1 回当たりの発注費用＝$\dfrac{S}{Q}$×A

在庫維持に要する諸費用の合計（U）

　＝平均在庫量 × 単位当たりの在庫維持費用＝$\dfrac{Q}{2}$×（C×i）

　以下の図を確認してほしいが、T＝U が成立するとき、費用が最小化するため、経済的発注量は次のように求められる。

$$\dfrac{S}{Q}×A=\dfrac{Q}{2}×C×i$$

$$2SA=Q^2×C×i$$

$$Q=\sqrt{\dfrac{2SA}{Ci}}\ \cdots 経済的発注量（EOQ）$$

【 経済的発注量 】

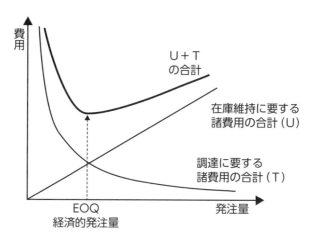

費用

U＋T
の合計

在庫維持に要する
諸費用の合計（U）

調達に要する
諸費用の合計（T）

EOQ
経済的発注量

発注量

〈ABC分析〉
売上高などを基準に、商品をA・B・Cの3つのグループに分類し、各グループに応じた商品管理を行う分析手法のことである。売上高の高い少数の商品が、全体の利益に大きく貢献する、つまり重要度の高いものは少数で、重要度の低いものは多数であるというパレートの法則に基づいて資材を管理する方法である。分類に応じて、定量発注方式とするのか、定期発注方式とするのかの指針ともなる。

【 ABC分析の例 】

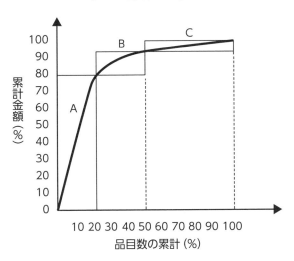

品目数の累計(%)

品目	内容	管理方式の例
A品目	品目数で20%、金額で80%に達する資材	定期発注方式
B品目	品目数で20〜50%、金額で15%の資材	定量発注方式 (単価が高い項目は定量発注方式)
C品目	品目数で50〜100%、金額で5%の資材	定量発注方式やダブルビン方式

過去問
令和5年度 第11問 経済的発注量
令和4年度 第10問 発注方式
令和元年度 第10問 経済的発注量を表す数式

論点17 定期発注方式 2次

> 発注時期が一定で、発注量が毎回変動する発注方式である。管理のポイントは在庫量を減らす（増やさない）ことにある。差額調整方式とも呼ばれる手法である。主に高額になる資材や取り扱いにコストがかかるような資材を対象にする。

　定期発注方式は、一定間隔で発注する間に、生産計画から必要数量を計算し在庫量や注文残などを勘案し発注するため、一般的には定量発注よりきめ細かい管理ができ、在庫量の削減管理が行いやすい。

　一方で、発注の都度、生産計画や在庫量と照らし合わせ必要量の計算が求められるため、管理コストがかかることになる。

【 定期発注方式 】

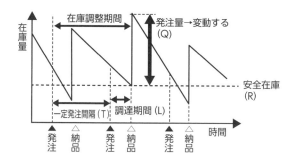

▮ 定期発注方式の安全在庫

　定期発注方式における安全在庫は、調達期間と在庫調整期間中の生産計画とのズレをカバーするためにある。以下の式で表される。

　安全在庫（R）= α（安全係数）× $\sqrt{\text{T+L}}$ × σ（需要量の標準偏差）

▮ 定期発注方式の発注量

　定期発注では都度、発注量を決める作業が必要になり、次の式が用いられる。毎回変化する発注量(Q)は、発注間隔(T)と調達期間(L)を合計した期間に必要となる予測量から、現在の在庫量と現在の発注残を差し引きし、引当在庫量と安全在庫を

加える。

> 発注量（Q）
>
> ＝（発注間隔＋調達期間）× 平均需要予測量（単位期間当たり）
>
> 　　　－（現在の在庫量＋現在の発注残－引当在庫量）＋安全在庫
>
> ＝（T＋L）×D－（S$_1$＋S$_2$－S$_3$）＋R

❸ 在庫調整期間

　発注量が何日間の消費量をまかなえるかを勘案するための計画対象期間のことである。在庫調整期間から発注量を考えると、以下のようになる。

発注量(Q)＝在庫調整期間の消費量－（現在の在庫量＋現在の発注残－引当在庫量）
　　　　　＋安全在庫　　　　　＝（T＋L)×D と同様である

　具体的に数値を当てはめて考えてみる。

> ・消費量＝1個／1日　　　・発注間隔＝毎月1回（1ヶ月＝30日）
>
> ・部品納期＝5日間　　　　・現在の在庫量＝5個
>
> ・安全在庫＝10個　　　　　・発注残＝0個
>
> ・引当在庫量＝3個

発注量（Q）

　＝（30日分30個＋調達期間分5個）－（現在の在庫量5個＋発注残0個－引当在
　　庫量3個）＋安全在庫10個

　＝43個となる。

　この式からわかることは、在庫を削減するためには、「発注間隔を短くする」、「部品納期を短くする」のが有効である。一方で「発注間隔を短くする」と発注の手間は高まり、「部品納期を短くする」と部品単価上昇を招く可能性もある。在庫調整期間は在庫の削減を考慮する際の指標にもなる。

＜有効在庫 (未引当在庫) ＞
手持ち在庫に発注残を足し、引当在庫量を引いた在庫数量で、実質的に利用可能
な在庫量のこと。
・手持ち在庫：実際に有している在庫数量のこと。
・発注残：発注は完了してるが、納入が完了していないもの。
・引当在庫：すでに在庫の用途が決定しており、使用に備えて予約された在庫の
　こと。
＜サイクル在庫＞
発注から次の発注までの間に消費された半分の在庫量。

 過去5年間での出題はない。

中小企業診断協会が公表している令和6年度の「運営管理」の科目設置の目的と内容は、以下のとおりです (令和5年9月11日に変更を発表)。

科目設置の目的

中小企業の経営において、工場や店舗における生産や販売に係る運営管理は大きな位置を占めており、また、近年の情報通信技術の進展により情報システムを活用した効率的な事業運営に係るコンサルティングニーズも高まっている。このため、生産に関わるオペレーションの管理や小売業・卸売業・サービス業のオペレーションの管理に関する全般的な知識について、以下の内容を中心に判定する。

内 容

Ⅰ. 生産管理

⑴ **生産管理概論**
生産管理の基礎 (生産管理の基本機能、管理目標 (PQCDSME：生産性、品質、コスト・経済性、納期・生産量、安全性、モラール、環境 等))、その他

⑵ **生産の管理**
生産システム (JITシステム (JIT、平準化生産、かんばん方式 等)、生産技術・情報システム (材料、加工技術、自動機械、新技術、生産システムへのITの利用、ERP、SCM、FA 等)、環境配慮型生産 (循環型生産システム、3R、LCA 等))、生産計画 (製品開発・製品設計 (製品のライフサイクル、顧客満足、製品系列、機能設計、生産設計、組立容易性、VA/VE、コンカレントエンジニアリング、CAD、CAM 等)、生産方式 (見込生産、受注生産、多種少量生産、少種多量生産、個別生産、ロット生産、連続生産、セル生産、グループテクノロジー、1人生産、オーダエントリー、生産座席予約、製番管理 等)、ライン編成 (ラインバランシング、編成効率、ラインの形態 等)、需要予測 (指数平滑、移動平均 等)、需給計画 (MRP、MPS、BOM 等)、スケジューリング (大日程計画、中日程計画、小日程計画、基準日程、PERT、人員計画、負荷計画 等)、生産統制 (生産統制 (現品管理、余力管理、進捗管理、標準時間、稼働率、余裕率 等)、生産指示 (プッシュシステム、プルシステム、差立 等)、その他

⑶ **作業の管理**
作業管理 (作業管理 (標準作業、標準時間、モラール、多能工化、職務訓練、職務設計等)、分析手法 (作業測定、時間研究、製品工程分析、作業者工程分析、連合作業分析、動作分析、稼働分析 等)、作業の改善 (方法研究、3S、ECRSの原則 (改善の原則)、5W1H、動作経済の原則 等))、その他

(以下、P.165につづく)

論点18 MRP (Material Requirements Planning：資材所要量計画)

ポイント

> MRPには、狭義のMRPといわれる資材所要量計画と、生産能力の所要量計画も含めた生産資源計画システム (MRP Ⅱ) がある。
> (ここでは狭義のMRPについて記載する。)

MRPは、基準生産計画をもとに、部品レベルでの生産数量と生産日程をコンピュータで計画するシステムで、特に多数の部品を組み合わせて作る製品に適合しやすい生産管理システムである。

① MRPの実施手順

総合生産計画に基づいた基準生産計画と部品表（部品構成表）から各資材の総所要量を計算する。計算された数値から、在庫量や発注残を差し引くことで正味所要量を計算する。次に経済的発注量を鑑みて、ロットまとめを行い、リードタイムを加味した先行計算を行い、発注オーダーを作成する。

【 MRPの実施手順 】

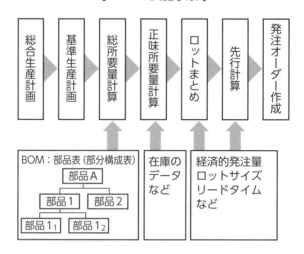

MRPではBOM (Bill Of Material) と呼ばれる部品表（部品構成表）が中核データベースとなり、各品目の名称、型式、数量のほか、製造に必要な工数や手順、リードタイム、部品と部品の関係などの情報が定義される。

2 MRP の導入

　MRP は見込生産で、数多くの部品を組み合わせて製造させる形態で導入されることが多い。MRP の適用範囲は広いため、導入負荷は高く、導入後も高度な管理水準を維持することが求められる。

　そのため、MRP の導入には以下のようなポイントを実現する必要がある。

【 MRP 導入のポイント 】

・精度の高い需要予測から、販売・生産計画を整備する。
　→基準生産計画の精度を高く保つ
・部品表（部品構成表）を整備し、部品の単価やリードタイム、
　発注ロットなどの管理項目を整備する。
・在庫量や発注残を正確かつ迅速に把握する。
・タイムバケットの適切なサイズ設定がされている。

追加 ポイント

〈タイムバケット〉
MRP では、生産活動のすべてをタイムバケットと呼ばれる、1 週間あるいは 1 日といった連続した時間区間に対して計画を行い、そのタイムバケット内に行われるように管理する。タイムバケットを大きく取ると所要量の計算手間が減り、管理負荷は下がる。しかし需要の変化に迅速に対応した計画変更ができなくなる。

過去問
令和 5 年度　第 7 問　部品所要量の計算
令和 4 年度　第 6 問　資材所要量計画
令和 3 年度　第 9 問　部品所要量の計算
令和元年度　第 7 問　部品所要量の計算

2次 論点19 購買管理とは

ポイント

> 在庫を適切な数量にコントロールする手段として、各種の発注方式を使う
> ことが有効であったが、それは発注する調達先があってこそできることで
> ある。購買管理とは、その調達先と有利な条件（支払条件・納入条件）で
> 契約を行うための管理活動になる。

1 購買方針

　購買契約は一度結ぶと急に変更するのは難しい場合も多い。適切な購買条件
で契約するためには、購買方針を定めておき、常に適正な購買が行えるように
管理する必要がある。そのために「購買の五原則」条件に準じて行うことが好
ましい。

【 購買の五原則 】

- ・適正な取引先を選定し、確保すること
- ・適正な品質を確認し、確保すること
- ・適正な数量を把握し、確保すること
- ・適正な納期を設定し、確保すること
- ・適正な価格を決定し、履行すること

　これらの方針に基づいて、資材の品質、納期を確保し廉価で購入できる先を
選定し、評価とチェックを行っていくことが重要である。
　特にABC分析でAグループに該当する資材の購買先の選定は、慎重に行う
必要がある。Aグループでは高額な資材が多いことから、最終製品に与える影
響度合いも大きいので、1品目に複数社の購買先を確保することが望ましい。
購買管理はリスク管理でもある。1社に依存すると、価格の交渉力を失ったり、
必要量を確保できないといったリスクが発生するためである。

② 購買方式

購入先から効率的に部品や材料を購買するためにさまざまな購買方式がある。

【 購買方式 】

観点	購買方式	内容
購買する時期と数量	定量購買方式	量は一定で、時期は不定
	定期購買方式	時期は一定で、量は不定
	都度購入(当用買い)方式	必要な都度、必要な量だけ購買する方式
	長期契約(内示購買)方式	年間の購入数量を特定の購入仕入先に内示し、必要な時に分納させる方式
価格の契約	競争入札方式	自由競争となる入札により購入先を選択する方式
	見積もり合わせ方式	指名した2社以上の購入先から見積書をとり、それらを比較検討して条件に適した購入先を選択する方式
	随意契約方式	購買担当者が随意に購買する方式
	特命購買方式	購入仕入先を1社だけに限定指名して購買する方式
組織面	集中購買(中央購買)方式	本社で集中して必要とする資材を購買する方式
	分散購買(地方購買)方式	工場や事業所、営業所で必要とする資材を購買する方式

追加 ポイント

上記の方式のほかに、単価の安い資材についてはできる限り購買管理の手続きを簡素化する必要がある。具体的な方式としては、通帳方式、預託方式、即納契約方式などがある。

過去問 令和4年度 第10問 発注方式

2次 論点20 外注管理とは

> 購買管理は物品が対象であるが、外注とは設計・調達・作業の「作業」の部分に当たる製造工程の購買活動といえる。本来、発注側の工場内で行う「作業」の一部または全部を外部の工場に委託する取引を外注と呼ぶ。管理のポイントは、内外作区分を明確にして、外注する目的を明確にしたうえで、適切な外注先を選択し適切な管理を行うことである。

🔳 外注の目的

　発注する内容や当事者間の企業規模などによっても、その目的は異なるが、「外部の経営資源を活用して、QCDを保って製品を製造する」ことに変わりはない。具体的には、以下の目的が考えられる。

【 外注利用の目的 】

目的	内容
自社にない技術の利用	発注側にはない設備や技術を補うために利用する。新たな設備投資など、発注企業にとって過大な投資を抑える。
稼働率の調整	発注企業の生産能力を上回る受注等が入った場合に、その上回る受注分の生産を委託する。
原価の低減	発注側で行うよりコストが安くなる場合に利用する。（運送費や管理コストも考慮する。）
協力企業の育成	発注側の生産規模拡大のために、外注することで、関連企業・下請け企業を発注側で教育し自社の工場として取り込んでいく。

🔲 内外作区分

　外注を行うには、まず自社の工場で内作にするのか、外注を利用するのか決定する。その基準となるのが内外作区分である。

　発注側にとって特許に関わるものや、自社にしかない設備等で製造する付加価値が高いものは内作が望ましい。外注すると、ノウハウの流出にもなりかねないためである。

【 内外作区分の例 】

内作に適するもの	外作に適するもの
製造技術が機密 自社設備でなければ生産できない 高度な品質・精度が必要 少品種多量で、機械化できる 取引先から内作指定	自社にない特殊設備や技術が必要 単純作業 自社より原価が下がる

🔳 外注管理のポイント

　社内で製造するより、社外に外注すると、どうしても進捗状況の把握が遅れ、納期遅延などのトラブルが発生することがある。適切な納期を設定し、納期管理体制を確立する必要がある。具体的には、【論点11】の追加ポイントに登場したカムアップシステムなどを活用していく。

　また、外注先の選定基準を明確にし、外注先の能力や負荷を定期的に把握しておくことも重要である。

追加 ポイント

〈OEM (Original Equipment Manufacturer)〉
自社のブランド製品の一部または全部を生産委託する方式である。 外注との違いは、企業間の戦略的提携の一種であり、外注管理の範囲ではなく 、受託生産に該当する生産方式の1つとなる。

過去問　過去5年間での出題はない。

論点21 物流戦略

ポイント

> 物流とは、生産物を生産者から消費者まで移動させる活動で、包装・輸送・保管・荷役・情報などの活動を含む。

　物流はさまざまな顧客ニーズに応えるための重要なポイントになっている。顧客からは多頻度で小口の納品が求められることが多くなり、その要求に対応すると、配送回数が増え、配送効率が低下して、物流コストが上昇する可能性がある。また、倉庫などのコストを削減するために、在庫量を削減すると、急な大量注文に応えられなくなり、受注機会の損失を招くことがある。このような課題に対応し物流を最適化するのが物流戦略である。

■1 さまざまな物流戦略

① ロジスティクス

　直接の意味は「兵站（へいたん）」で、第2次大戦のアメリカ軍の兵站学がビジネス界に持ち込まれたことに由来する。顧客の要求を満たすために必要な配送水準に対し、コストを最小にするなどの目的で、商品、資材、部品、人員などを適切な場所に適量に配置させることである。

② ジャスト・イン・タイム (JIT) 物流

　必要な原材料や部品を、必要な時に、必要な数量を供給する生産の仕組みをJIT方式【論点7】といい、その理念に従って実現する物流の仕組みのことである。この方式により、発注側は余分な在庫の保有をなくして在庫費用の圧縮が可能となる。受注企業にとっては発注単位の小口化、配送の多頻度化、リードタイムの短縮、配送時間指定といった要請への対応などの実現が必要となる。

③ 共同物流

　複数企業が物流コストの低減、人手不足対策、顧客へのサービスの向上等を目的として、集荷・配送、保管、情報処理、値付けなどの流通加工などを共同で行うものである。参加企業にとって、積載効率の向上による配送コストの低減、車両や物流施設などの物流関連投資の抑制、配送頻度の上昇や一括納品による顧客サービスレベルの向上などが利点である。

④ トレーサビリティ

　トレーサビリティは「食の安全」に対する興味の高まりから注目度が上がっている。工業製品や食品、医薬品などの商品・製品や部品、素材などを個別（個体）ないしはロットごとに識別して、調達・加工・生産・流通・販売・廃棄などにまたがって履歴情報を参照できるようにすることである。

❷ ロジスティクス関連用語

① ブルウィップ効果

　ブルウィップ効果は、サプライチェーンの川下にある小売店での需要変化が、卸売業者、メーカーと川上に向かっていく段階で、その変動幅が拡大し、全体で過剰な在庫を生み出してしまう現象である。各段階で、安全在庫を積むため、在庫の増大が連鎖する（店舗・販売管理【論点24】も参照）。

② エシェロン在庫

　エシェロン在庫は、多段階の物流において、ある在庫点から見て下流側の在庫点の在庫（輸送中の物を含む）の総和である。令和2年度第2問では、下表の配送センターBの現時点のエシェロン在庫量が問われた。なお、工場、配送センター、店舗の上の数値は、それぞれの拠点にある現時点の在庫量を示し、矢印の上の数値は現時点における配送中の製品量を示している。（答え：170）

【 エシェロン在庫 】

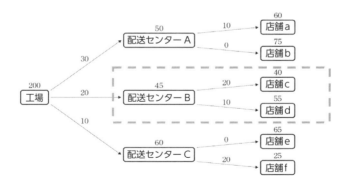

2次 論点22 IEとは

ポイント

IEは経営工学のことを指し、「経営目的を定め、それを実現するために、環境（社会環境及び自然環境）との調和を図りながら、人、物（機械・設備、原材料、補助材料及びエネルギー）、金及び情報を最適に設計し、運用し、統制する工学的な技術・技法の体系」と定義される。

■ IEの歴史

　IEは、日本では作業研究と訳されており、テイラーの科学的管理法やギルブレスの動作研究に端を発している。テイラーの科学的管理法は、熟練労働者の作業を分析し、各職種の最も能率的な標準作業手順を科学的に設定した。この手順を基準に一日の標準作業量を決め、それを用いて未熟練労働者の作業の質と量とを標準化しようとする管理手法である。

　ギルブレスの動作研究は、個々の動作を観察・分析し、作業目的に照らして無駄な動作を排除して最適な動作を追求するものである。動作研究を重視し、これによって最適化された動作に基づいて時間研究を行うべきであるとした。

■ IEの体系

　作業研究としてのIEは、方法研究と作業測定に分けられる。方法研究は作業のやり方を中心に研究されたものである。一方、作業測定は、標準時間を決定するために作業時間を測定し、適正なものに修正することである。

　方法研究はモノの流れを分析する工程分析と、ヒトの流れを分析する作業者分析、ヒトの動作を分析する動作分析に分類される。作業測定は、稼働の分析と、時間の測定という観点で分類される。

【 IEの体系 】

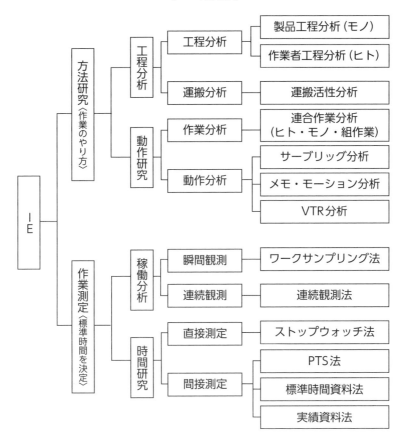

IEの目的は作業のムリ・ムダ・ムラをなくして仕事の価値を高めることである。
・ムリとは、負荷が能力を上回っている状態
・ムダは逆に、負荷が能力を下回っている状態
・ムラは、時間の経過とともにムリとムラが交互に出てくる状態

令和2年度 第18問 作業分析手法

論点23 方法研究～工程分析

ポイント

> 方法研究とは、JIS生産管理用語では、「作業又は製造方法を分析して、標準化、総合化によって作業方法又は製造工程を設計・改善するための手法体系」と定義されている。

1 工程分析

工程分析とは、JIS生産管理用語では、「生産対象物が製品になる過程、作業者の作業活動、運搬過程を系統的に、対象に適合した図記号で表して調査・分析する手法」と定義されている。

工程分析には、原材料や部品が製品になる過程を分析する製品工程分析と、作業者の作業活動の流れを分析する作業者工程分析がある。製品工程分析で用いる図記号は加工、運搬、停滞、検査である。作業者工程分析では、この図記号をそれぞれ作業者の作業、移動、手待ち、検査の記号として使用する。

【 工程図記号 】

工程名	名称	記号	内容
加工	加工	○	形状や性質に変化を与える工程
運搬	運搬	⇒/○	位置に変化を与える過程
停滞	貯蔵	▽	計画により、貯えている工程
	滞留	D	計画に反して滞っている状態
検査	計量検査	□	量や個数の検査工程
	品質検査	◇	品質検査工程

工程分析図は、原料、材料、部品または製品などに変化を与える過程について、工程図記号で系統的に示した図である。

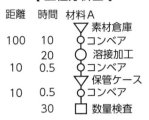

【 工程分析図 】

距離	時間	材料A	
		▽	素材倉庫
100	10	○	コンベア
	20	○	溶接加工
10	0.5	○	コンベア
		▽	保管ケース
10	0.5	○	コンベア
	30	□	数量検査

② 運搬分析

運搬分析とは、運搬改善に用いられる分析手法の総称で、運搬工程分析、運搬活性分析、から運搬分析などがある。

運搬工程分析は、生産の対象物が加工され、製品へと変化していく過程を系統的に調べて表し、運搬方法、加工方法、運搬機器、製造設備について理解し、物流過程の改善点の発見や、運搬システム構築に必要な資料収集に用いる手法である。

【 運搬活性分析 】

状態	記号	意　味	活性示数
バラ置き	———	バラで床、棚、台に置いてある状態	0
箱入り	∟＿」	コンテナ、箱、袋、束などで、まとめて置いてある状態	1
枕付き	⊤⊤⊤	パレット、スキッド、マクラで、そのまま持ち上げられるよう置いてある状態	2
車上	○○	車の上に置いてある状態	3
移動中	⬭	動いているコンベアやシュートの上に置いてある状態	4

追加 ポイント

〈その他の運搬分析手法〉
・運搬稼働分析：人や運搬機器の稼働状態を分析
・から運搬分析：運搬機器のからの状況を分析
・通路抵抗分析：運搬通路の適否をその運搬抵抗によって分析
・運搬高さ分析：品物の上がり下がりを系統的に分析

過去問

令和5年度　第14問　運搬活性分析　　令和5年度　第16問　作業者工程分析
令和4年度　第13問　工程分析記号　　令和4年度　第20問　作業改善のための原則
令和2年度　第7問　工程分析記号　　令和元年度　第12問　最適な運搬手法
令和元年度　第13問　工程分析記号

論点24 方法研究〜動作研究

ポイント

動作研究は、作業者が行うすべての動作を調査、分析し、最適な作業方法を求めるための手法の体系である。動作研究は、1つの作業動作または1サイクルの仕事に発生する手や目の動きを分析することにより、ムリやムダな動作を除去し、必要な動作に対しては改良を加え、より疲労の少ない経済的な動作や順序の組み合わせを確立することを目的としている。

◯ 作業分析

　作業者の作業動作を動作順に調査し、作業・検査・移動・手待ちを作業ステップ記号で図表化し、作業者の動きを改善するために行う手法である。作業分析の手法には、人と機械や、2人以上の人が協同して作業を行うとき、その共同作業の効率を高める連合作業分析などがある。

　連合作業分析を行う際は、作業の特性を明らかにするために、作業を単独作業、連合作業、非稼働の3つに分けて考えると効果的である。この分析で、人や機械の手待ちロスや停止ロスが明確になり、ECRS【論点3】などの手法による改善を図るうえでの指針となる。

【 連合作業分析 】

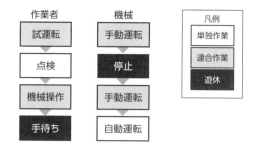

◯ 動作分析

　動作分析とは、作業者の動作を細かく分析して、不必要と考えられる動作を排除することである。代表的なものとして、サーブリッグ分析、メモ・モーション分析、VTR分析がある。

サーブリッグ分析とは、20世紀初めにF. B. ギルブレスによって開発された手法で、人間が行うあらゆる基本動作を18に分類して、作業動作の改善を図ろうとするものである。サーブリッグ分析に使用するサーブリッグ記号は、改善の着眼の観点から、次の3種類に大別される。

【 サーブリッグ記号の分類 】

第1類	仕事をするうえで必要な動作要素である。改善では、動作を不必要とするための検討を行う。
第2類	第1類の作業を妨げる動作要素である。作業場所の配置改善により、考える以外は排除することが可能である。
第3類	作業を行わない動作要素である。動作順序の変更等により改善を図り、第3類を排除していくことが第一目標となる。

【 サーブリッグ記号表 】

〈第1類〉

動作要素	略式	記号
空手移動	TE	
つかむ	G	
運ぶ	TL	
調べる	I	
組み合わせ	A	
分解する	DA	
使用する	U	
放す	RL	

〈第2類〉

動作要素	略式	記号
位置を決める	P	
探す	SH	
見出す	F	
選ぶ	ST	
考える	PN	
向きを変える	PP	

〈第3類〉

動作要素	略式	記号
保持する	H	
避けられない遅れ	UD	
避けられる遅れ	AD	
休む	R	

追加 ポイント

　動作研究の改善効果は作業者の意識の影響も大きい。より効率的、能率的に改善しようとする心構えのことを「モーションマインド」という。

過去問
令和3年度　第18問　サーブリッグ分析
令和2年度　第21問　生産の合理化
令和元年度　第21問　動作経済の原則に沿った施策

2次 論点25 作業研究〜稼働分析

稼働分析は、作業者または機械設備の稼働率もしくは稼働内容の時間構成比率を求める手法で、作業時間のうち、実際に稼働している時間の比率を把握し、稼働の阻害要因を把握する。

1 瞬間観測

代表的なものに、ワークサンプリング法がある。ワークサンプリング法は、瞬間的に作業者が何をしているか、または機械が何をしているかを母集団の中から無作為に抽出し、作業者や機械の稼働状態を分析する。

【 ワークサンプリングのメリット・デメリット 】

メリット	デメリット
・1人の観測者で複数の観測ができ、 　コストが安い ・統計に基づいて 　偏りの少ない分析ができる ・観測者の訓練をそれほど必要としない	・観測者は分析対象の作業内容を理解する必要がある ・ある程度の規模の母集団が必要である

2 連続観測

連続観測法は、作業者または機械設備の稼働状態を長時間にわたって連続的に調査・分析する手法である。分析対象を継続的に観測するので詳細な分析が可能である。一方で、ワークサンプリング法とは逆に、複数媒体を観測するためには多くの観測者が必要となり、コストがかかる。

追加 ポイント

稼働分析では、時間研究のための主体作業、段取作業、余裕などの時間を計測し、稼働率や余裕率の計算につなげる。

過去問　過去5年間での出題はない。

論点26　作業研究〜時間研究

ポイント

> 時間研究の目的は、作業の改善と作業の標準化、および標準時間を設定することである。標準時間を設定することで、作業の遅れを認識できる。

❶ 標準時間

　標準時間は、その仕事に適性を持ち、習熟した作業者が、所定の作業条件のもとで、必要な余裕を持ち、正常な作業ペースによって仕事を遂行するために必要とされる時間である。

【 標準時間の構成 】

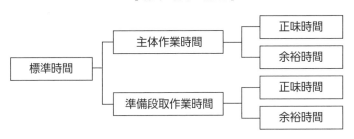

主体作業時間	部品や材料に直接加工を行うために必要な時間である。その中でも、部品や材料に直接的に加工を行っている主作業時間と、その作業に付随して行う付随作業時間がある。 なお、付加価値を生むのは主作業時間のみである。
準備段取作業時間	主体作業を行うために必要な準備、段取、作業終了後の後始末、運搬などの作業である。
正味時間	主体作業、準備段取作業を実施するのに直接必要な時間である。 正味時間は、規則的、周期的に繰り返される作業時間である。 標準時間から余裕時間を除いたものが正味時間である。 （標準時間＝正味時間＋余裕時間）
余裕時間	作業を遂行するために必要と認められる遅れの時間である。標準時間には余裕時間も含まれる。

② 余裕

　正味時間のみで標準時間を設定すると、作業をするうえでの生理的欲求や、管理体制の問題等による作業中断など、正味時間以外の避けられない遅れにより、生産低下を引き起こすことになる。そこで、これらの余裕時間も考慮に入れて標準時間を設定する必要がある。

【 余裕の分類 】

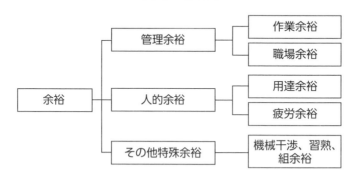

　また、余裕時間は偶発的に発し、直接時間を測定できないため、余裕率を付加することにより標準時間を求めることになる。なお、余裕率は、正味時間に対する割合で付加する外掛け法と、標準時間に対する割合で付加する内掛け法に分けられる。

【 余裕率の計算 】

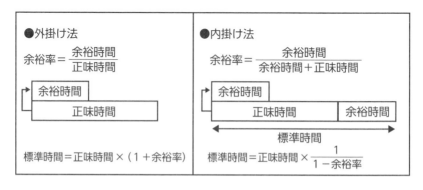

❸ レイティング

　レイティングとは、時間観測時の作業速度を基準とする作業速度と比較・評価し、レイティング係数によって観測時間の代表値を正味時間に修正する一連の手続きである。

　標準時間とは正常作業者が行う場合の時間であるが、実際は平均以上のスピードで作業する場合や、平均以下で作業をする場合がある。そのため、レイティング係数を用いて正常作業者が実施する時間に修正する必要がある。

$$レイティング係数 = \frac{基準とする正味時間}{正常作業者が実施する正味作業の観測時間} \times 100\%$$

❹ 標準時間の設定方法

方法名称		内容
ストップウォッチ法		作業を要素作業または単位作業に分割し、ストップウォッチを用いて要素作業または単位作業に要する時間を直接測定する手法。ストップウォッチ法を用いる場合は、作業者の個人差を修正するためにレイティングを行う。サイクル作業に適している。
PTS法		人間の作業を、それを構成する基本動作にまで分解し、微動作ごとの時間値を、予め定められた動作要素時間値データから標準時間を設定する。（レイティング処理は不要）
	MTM法	作業を10の基本動作に分類して、動作距離および条件に応じて作業時間を求める方法である。
	WF法	基本動作、動作距離および動作時間に影響を及ぼす変数を考慮して、作業時間を求める方法である。
標準時間資料法		過去に測定された作業単位ごとの時間値を、作業条件に合わせて合成して標準時間を求める方法である。類似の要素作業の発生が多い場合に適している。
実績資料法		過去の実績資料を基礎に標準時間を見積もる方法で、個別生産で繰り返しのない作業に適している。
経験見積法		経験者の経験によって標準時間を見積もる方法で、個別生産で繰り返しのない作業に適している。

【 標準時間設定の手法と特徴 】

手法	適する作業	精度	特徴
ストップウォッチ法	サイクル作業	良い	実施が容易である
PTS法	短いサイクル作業 繰り返しの多い作業	良い	分析に時間がかかる
標準時間資料法	同じ要素作業の発生が多い作業	良い	標準時間の整備に時間がかかる
実績資料法	個別生産で繰り返しの少ない作業	悪い	設定に費用がかからず迅速である
経験見積法	個別生産で繰り返しの少ない作業	悪い	経験に頼るため主観的になりやすい

出所:『生産管理用語辞典』 公益社団法人 日本経営工学会編　一般財団法人日本規格協会

時間計測の計測単位で十進法に基づいた単位がある。1DM (Decimal minute) とは十進化分と呼ばれ1/1000日 (1.44分) のこと、1DS (Decimal Second) とは十進化秒と呼ばれ1/100000日 (0.864秒) のことである。
また、各種時間の種類と利用の方法を確実に押さえておきたい。計算問題も出題されるが、計算自体は簡易であり、定義が頭に入っているかそうでないかで正答にたどりつけるかが変わってくる。

令和5年度　第10問　標準時間と作業余裕
令和5年度　第15問 (設問1)　レイティング係数と余裕率
令和5年度　第15問 (設問2)　標準時間
令和4年度　第16問　標準時間の計算
令和3年度　第15問　標準時間の構成
令和3年度　第17問　作業測定の手法
令和2年度　第17問　標準時間の設定
令和元年度　第14問　レイティングを用いた標準時間の計算
令和元年度　第16問　PTS法について

論点27 品質管理と統計的品質管理

B 2次

ポイント

品質管理は、「買い手の要求に合った品質の品物またはサービスを経済的に作り出すための手段の体系」である。Quality Control、QCといわれる。

1 品質管理の目的

品質管理の目的は、製品やサービスの品質を常に一定以上の水準に保つことを保証するためであり、この目的を果たさない限り、顧客の信頼は得られない。

【 品質管理の主な目的 】

製品の不良を防止	顧客に対して品質を保証する。 品質の不具合に関するコスト低下につなげる。
製品や作業の バラつきの減少	一部高い品質のものが混ざるようなバラつきがあるのもマイナスである。常に一定の品質を実現する必要がある。
効率の向上	作業の不具合は、品質の低下を招き、コストの増大をもたらす。作業効率を向上させることで品質向上につなげる。
品質の改善	クレームや現場の声を反映して、継続的に品質改善を図っていく必要がある。

企業は、品質管理をするためには、PDCAサイクルを回していくことが必須である。PDCAサイクルは、Plan（計画）、Do（実行）、Check（確認）、Action（処置）の4つのステップで構成される。

生産計画どおりに（Plan）、製造が行われているか（Do）、評価・チェックを行い（Check）、問題点が発見されれば、新しい施策を検討し今後の計画に反映・改善していく（Action）のである。

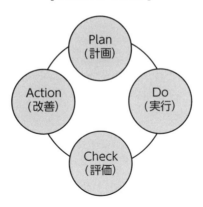

【 PDCAサイクル 】

2 統計的品質管理 (SQC：Statistical Quality Control)

　製品の品質にはバラつきが出やすい傾向がある。そのため、品質のバラつき
の原因を特定して製造現場を改善していかなければならない。統計的方法 (第
4章【論点28、29】参照) を用いて品質管理や工程改善を推進することを統計的
品質管理という。

　定められた規格の限度内で製品を生産できる能力のことを工程能力といい、
その評価を行う指標のことを工程能力指数という。工程能力指数は下記の式で
求められ、その値が1.33以上であれば十分に満足した工程能力であると判断
できる。

$$工程能力指数 = \frac{規格の幅}{6 \times 標準偏差}$$

　正規分布曲線の意味するところは、平均から正負にバラついた (標準偏差)
面積が68.26％になるということである。逆にいうと、68.26％が標準偏差の
中にバラつくのが、正規分布である。品質管理の観点ではバラつきがないほう
が当然よい。そのため、管理目標を3σとすれば、不良率が0.26％ (100％ -
99.74％) 以下を目指すということになる。

〈6σ（シックスシグマ）〉
製品製造に関連するプロセス上の欠陥を識別・除去するために、上限・下限管理限界に6シグマを使用する、経営改善方法論である。なお、6σの数値は「100万回の作業を実施しても不良品の発生率を3.4回に抑える」に相当する。

❸ TQM (Total Quality Management)

　全社的品質管理手法「TQC」を基盤とし、さらにその考え方を業務や経営へと発展させた管理手法のことである。

　TQCが現場の品質管理活動に重きを置いていたのに対して、TQMでは企業全体としての品質への取組みが重要になる。日本語では総合的品質管理という。製品やサービスを生産し、顧客へ提供するまでのすべての活動（アフターサービスや廃棄も含む）において、経営者をはじめ管理者や作業員など全員が参加する組織的な品質管理活動のことである。

　TQMを効果的に実行するためには、作業員などが主体的にQCDの改善活動（QCサークル活動）をボトムアップで行い、経営層が強力なリーダーシップにより全社的な経営品質の向上を図る、という両者の活動が組織目標として共有されることが必要である。

【論点12】で取り上げた、品質の種類や、真の品質特性と代用特性について、再度確認をしておいてほしい。

過去問
令和5年度　第10問　工程能力や工程能力指数
令和5年度　第18問　統計的品質管理
令和5年度　第21問　工程能力や工程能力指数

論点28 QC7つ道具

ポイント

> 品質管理に関する数値的品質管理手法のことで、従来より用いられている、数値データ(統計データ)をもとに構成する代表的な品質管理の7手法である。

1 QC7つ道具

品質の問題の発見と解決の糸口をつかむ手法である。以下に7つ道具の内容を示し、いくつかの手法については図表で示す。

【 QC7つ道具 】

層別	データを同質なグループ(層)ごとに分けて分析する。
パレート図	工程で発生している問題を原因別・損失金額別などに分類し、その件数の大きい順に並べて棒グラフおよび累計曲線を図に表したものである。
特性要因図	ある問題に対して関連する原因の洗い出しを行うため、問題(特性)とその発生の原因(要因)だと考えられる事項とを結んで図示したものである。図が魚の骨の形に似ていることから、フィッシュボーン図とも呼ばれる。
ヒストグラム	データの傾向(バラツキ具合い)を判断できるようにするグラフである。
散布図	2つの対となるデータを横軸(原因系)と縦軸(結果系)としてプロットした図である。
チェックシート	確認要点事項を予め抜粋し、まとめられたリストである。
管理図	工程の管理を行うためのツールで、管理限界(上方/下方)などを設定し、工程が安定状態にあるかどうかを把握するための判断材料とする。

【 パレート図の例 】

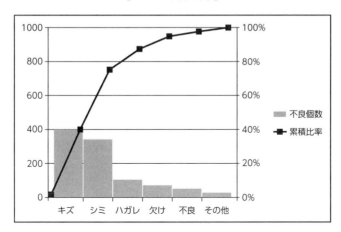

【 特性要因図 】

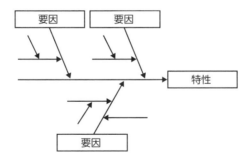

【 ヒストグラム 】

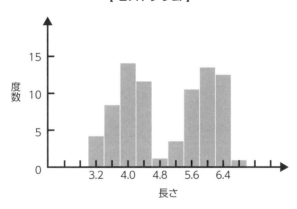

【 散布図 】

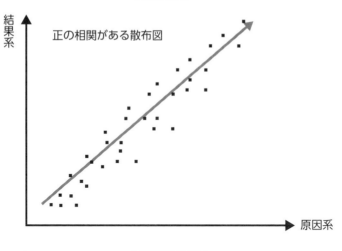

【 管理図の例 】

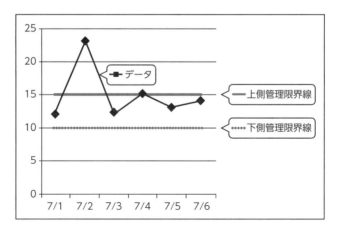

② 管理図について

　QC7つ道具のうち、管理図について詳しく確認する。

　管理図とは、製造工程が安定した状態にあるかどうかを判断するためのグラフであり、「連続した観測値もしくは群のある統計量の値を、通常は時間順又はサンプル番号順に打点した、上側管理限界線、及び／又は、下側管理限界線をもつ図。打点した値の片方の管理限界方向への傾向検出を補助するために、中心線が示される」と定義されている。

中心線を基準として、データが上方／下方管理限界線を超えていないかなどで、データのバラつきを分析する。管理図で、実績値が以下の傾向を示す場合は、品質不良の恐れがあるとされる。傾向が見える対象の状況の調査・分析を行い、品質に関する問題の有無を判断する必要がある。

〈品質不良のある場合〉
・閾値(しきいち)を超えた場合（上方／下方管理限界線を超えた場合）
・中心線の片側に連続して実績値が現れる場合（7点以上）
・実績値が中心線に対して片側に多く出る場合（8割以上）
・実績値が連続して上昇、または下降する傾向がある場合

❸ 新QC7つ道具

管理者・スタッフのTQCのために用いられる、言語データ的品質管理手法である。数値データが中心のQC7つ道具と併用されることが多い。

【 新QC7つ道具 】

連関図法	複雑に絡み合う問題から重要な要因を見つける。
親和図法	混沌とした要素を構造的にまとめる情報整理法である。
系統図法	目標を達成するための道順を決める。
マトリックス図法	問題の所在や形態を探ることができ、問題解決の着想が得られる。
アロー ダイヤグラム法	プロジェクトを最短で完了させる道筋がわかる。
マトリックス データ解析法	多数の数値データを整理する方法である。
PDPC法	実行計画が頓挫しないようにあらゆる場面を想定しておく。

【追加｜ポイント】

どのQCの手法を何の分析に使うのか、管理図で何を分析すべきなのかを把握しておく必要がある。

過去問
令和5年度　第12問　新QC7つ道具
令和4年度　第11問　QC7つ道具と新QC7つ道具
令和2年度　第6問　ヒストグラム　　令和元年度　第11問　QC7つ道具

2次 論点29 検査

> 検査対象物を試験し、基準値などと比較して個々の製品の合否を決定する活動である。検査の種類について確認しておく必要がある。

1 検査の種類

検査は、全数検査と抜き取り検査に大きく分けられる。

以下に各検査を選定する際の基準を示す。

【 検査手法の選定基準 】

全数検査 ロット内の全量を検査する	抜き取り検査 決められた数のサンプルを検査する
・検査ロットが小さい場合 ・1個の不良品が、生命に関わるなど致命的な事故につながる場合 ・製品が高価な場合 ・検査項目が少なく、検査に要する時間やコストが少ない場合	・検査対象や検査項目が大量の場合 ・検査に時間やコストがかかる場合 ・破壊検査などの場合 ・合格ロットの中にある程度の不良品の混在が許される場合 ・サンプルの品質基準が明確化されている場合

2 抜き取り検査のサンプリング法について

　抜き取り検査では、全数検査をしないため、どの程度の割合を試験するかが重要となる。そのため、OC曲線（Operating Characteristic Curve）を用いて決定していく。OC曲線とは、サンプル検査による場合のロットの品質と合格確率の関係を示した曲線である。

　次図のとおり、ロットの不良率が上がると、ロットの合格率は下がる。

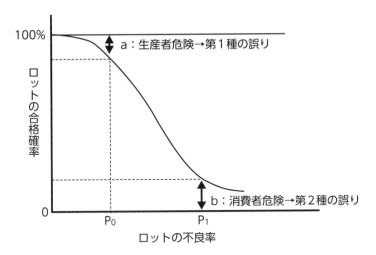

【OC曲線】

生産者危険は合格水準のロットが誤って不合格とされる確率で、「第1種の誤り」「あわて者の誤り」と呼ばれる。（図表のa）

一方、消費者危険は、不合格ロットが誤って合格とされる確率で、「第2種の誤り」「うっかり者の誤り」と呼ばれる。（図表のb）

追加 ポイント

〈その他の検査の分類〉
・判定基準による分類：計数抜取検査と計量抜取検査
・形式による分類：1回抜取検査と多段階抜取検査

過去問 過去5年間での出題はない。

論点30 ISO9000シリーズ

ポイント

ISO9000シリーズとは、品質マネジメントシステムに関する国際規格である。

1 ISO9000シリーズの構成

ISO9000シリーズは、下記の構成からなる。

【 ISO9000シリーズの構成 】

ISO9000 (JIS Q 9000)	基本および用語で、品質マネジメントシステムの基本を説明し、用語を規定している。
ISO9001 (JIS Q 9001)	要求事項で、品質マネジメントシステムに関する具体的な要求事項を規定している。
ISO9004 (JIS Q 9004)	パフォーマンス改善の指針で、品質マネジメントシステムの有効性および効率の双方を考慮した指針を示している。

2 品質マネジメントの7原則

　組織のパフォーマンス改善に向けて取り組むために、トップマネジメントが用いることのできる品質マネジメントの7原則がISO 9000：2015(JISQ 9000:2015)で明確にされている。

【 品質マネジメントの7原則 】

顧客重視	組織はその顧客に依存しているので、現在および将来の顧客のニーズを理解して、顧客要求事項を満たし、顧客の期待を超えるような製品やサービスを提供するように努力しなければならない。
リーダーシップ	リーダーは組織の目的と方向の調和を図らなければならない。リーダーは人々が組織の目標を達成することに十分参画できる内部環境を創り出し、維持しなければならない。
人々の積極的参加	組織内のすべての階層の人々を尊重し、各人の貢献の重要性を理解してもらうべくコミュニケーションを図り、貢献を認め、力量を向上させて積極的な参加を促進することが、組織の実現強化のために必要である。
プロセスアプローチ	活動及び関連する経営資源と業務が1つのプロセスとして管理された場合には望ましい結果が達成される。

改善	組織の総合的パフォーマンスの継続的改善を組織の永遠の目標とすべきであり、つねに他に良い手段はないかを探し、改善を続けていくことが重要である。
客観的事実に基づく意思決定	効果的な意思決定は客観的な事実および情報の分析や評価に基づくもので、勘や経験を重視するのではなく、客観的事実やデータを重視する。
関係性管理	組織は組織と密接に関連する利害関係者との関係性をマネジメントすると、持続的成功を達成しやすくなる。

③ 品質マネジメントシステムの要求事項

　ISO9001では、組織が顧客要求事項および適用される規制要求事項を満たした製品を提供する能力を持つことを実証することが必要な場合や顧客満足の向上を目指す場合の要求事項を規定している。

【5項目の要求事項】

品質マネジメントシステム	一般要求事項、文書化に関する要求事項
経営者の責任	経営者のコミットメント、顧客重視、品質方針、計画、責任、権限およびコミュニケーション、マネジメントレビュー
資源の運用管理	資源の提供、人的資源、インフラストラクチャー、作業環境
製品の実現	製品実現の計画、顧客関連のプロセス、設計・開発の計画、購買、製造およびサービスの提供、監視機器および測定機器の管理
測定、分析及び改善	一般、監視および測定、不適合製品の管理、データの分析、改善

追加 ポイント

〈その他のISO〉
ISO 14000シリーズ：環境マネジメントシステムに関する国際規格である。
ISO 20000シリーズ：ITサービスマネジメントシステムの国際規格である。
ISO 22000シリーズ：食品安全マネジメントシステムの国際規格である。
ISO 26000シリーズ：組織の社会的責任 (SR) に関する国際規格である。
ISO 27000シリーズ：情報セキュリティマネジメントシステムの国際規格である。

過去問　過去5年間での出題はない。

2次 論点31　生産情報システム

企業のシステムはさまざまなサブシステムが連携しあって構成されるため、システム間のつながりを把握する必要がある。

■生産情報システムの概要

　企業の生産活動においては各工程の作業を支援するシステムが構築される。また企業の全体最適化実現のためには、各システム間の連携も重要となる。以降では、生産情報システムのサブシステムをいくつか確認していく。

【 生産情報システムの全体イメージ 】

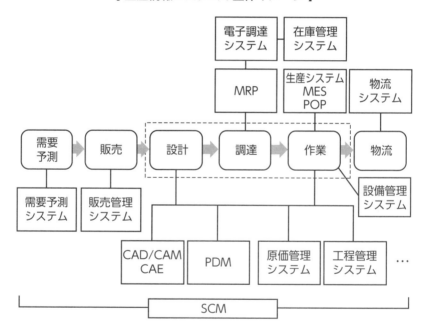

❷ CAD／CAM／CAE

① CAD

　CAD（Computer Aided Design）は、製品の形状その他の属性データからなるモデルをコンピュータの内部に作成、解析・処理することによって進める

設計のことである。以前は、定規や鉛筆を使って紙で作成していたものを、コンピュータ上で作成するものである。その結果、出来上がった図面がきれいになるだけではなく、今後の図面流用にも活用できるようになり、設計作業全体の効率化につながる。近年では、2次元から3次元に進化し、3DのCADも普及が進んでいる。

② CAM

CAM (Computer Aided Manufacturing) は、コンピュータ内部に表現されたモデルに基づいて生産に必要な各種情報を生成すること、およびそれに基づいて進める生産の形式である。CADがデザインするのに対して、マニュファクチャリング、つまり生産に直結する情報を生成する。

CADと合わせて、CAD／CAMと表記されることもあり、その場合は、CADによってコンピュータ内部に表現されるモデルを作成し、これをCAMにより工作機械に送られるデータにすることを意味する。

③ CAE

CAE (Computer Aided Engineering) は、製品を製造するために必要な情報をコンピュータで統合的に処理し、製品品質、製造工程などを解析評価することである。つまり、CADで作成された図面の製品強度が十分であるかなどを事前にシミュレーションするものである。

■3 PDM

① PDM (Product Data Management)

PDMは、製品情報管理システムのことで、CADを含めた製品情報と開発プロセスを一元的に管理するシステムである。工業製品の開発工程において、設計・開発に関わるすべての情報を一元化して管理し、工程の効率化や期間の短縮を図る。CADデータなどの図面データや、仕様書などの文書データからなる設計に関するデータの管理や、製品を構成する部品の構成データの管理と購買・資材システムとの連携、設計・生産のスケジュールの把握と効率化を図るワークフロー管理などの機能が中心となって構成される。PDMにより部門間の情報共有が容易になることで、コンカレントエンジニアリングの実現可能性が高まる。

② PLM (Product Lifecycle Management)

近年では、製品のデータだけではなく、そのライフサイクルや版数も管理しようといったPLMの活用が進んでいる。製造業において、製品開発期間の短縮、生産工程の効率化、および顧客の求める製品の適時市場投入が行えるように、企画・開発から設計、製造・生産、出荷後のサポートやメンテナンス、生産・販売の打ち切りまで、製品に関わるすべての過程を包括的に管理することである。

４ 生産システム

① MES（Manufacturing Execution System)

生産を実行するためのシステムである。製造業の生産現場で、製造工程の状態の把握や管理、作業者への指示や支援などを行う情報システムを指す。MESは工場などの生産現場で利用され、設備や原材料などの数量や状態などをリアルタイムに把握し、生産計画に基づいて作業のスケジュールを組み立てたり、作業指示を出したり、作業手順に関する情報を提供したりする役割を果たす。

一般的な情報システムとは利用環境が大きく異なるため、作業に支障を来さないよう、タッチパネルやバーコードリーダーなどの機器がよく利用される。

② POP (Point of Production)

POPとは、作業者が各工程終了時にバーコードなどの入力装置で作業報告を行い、リアルタイムに進捗状態を管理するシステムである。生産計画の進捗率や負荷状態も管理でき、現場の見える化を実現する。

５ MRP (Material Requirements Planning)

【論点18】で前述のMRPであるが、生産計画に基づいてその生産に必要な資材の正味所要量を求め、品目、納期と併せて生産計画を作り、これを基準にして資材の手配、納入、出庫の計画・管理を行う手法をいう。資材所要量計画を立案するものである。

６ 電子調達　EDI (Electronic Data Interchange)

EDIとは、商取引に関する情報を標準的な書式に統一して、企業間で電子的に交換する仕組みである。受発注や見積もり、決済、出入荷などに関わるデー

タを、予め定められた形式に従って電子化する。従来の紙の伝票によるやり取りの情報伝達のスピードをアップさせ、作業負荷を削減する。

　最近ではインターネットの普及に伴い、WebブラウザやXMLなどインターネット標準の技術を取り入れた、Web-EDIが利用されるようになっている。

☑ SCM　(Supply Chain Management)

　製造業や流通業において、原材料や部品の調達から製造、流通、販売という、商品供給の流れをサプライチェーンと捉え、それに参加する部門・企業の間で情報を相互に共有・管理することで、ビジネスプロセスの全体最適を目指す戦略的な経営手法である。企業にとっての具体的な目的は、納期短縮・欠品防止による顧客満足の向上や、流通在庫を含む在庫・仕掛品の削減によるキャッシュフローの最大化などが挙げられる。

追加 ポイント

〈デマンドチェーンマネジメント　DCM (Demand Chain Management)〉
SCMが原材料の調達から製品の生産、販売、物流に至る供給連鎖の最適化を目指すのに対して、DCMは顧客の需要創造から商品開発、顧客開拓、販売促進、引き合い獲得、受注成約に至る需要の連鎖に着目した考え方である。

過去問 令和5年度　第4問　製品開発・製品設計の活動

2次 論点32 工場計画

> 生産を行うためには工場が必要である。工場を生産性の高いものにするためには、綿密に立案された計画が必要となる。

❶工場計画とは

工場計画とは、その工場を最も合理的な生産活動を行いうる場所とするための計画である。具体的には工場の建物の建設や、施設や設備の配置を計画することである。

❷ 工場計画のプロセス

工場計画は工場設置の方針の決定から、実際に設備などの設置を完了するまで、いくつかのプロセスに分けて考える。下図にそのプロセスを示す。

【 工場計画のプロセス 】

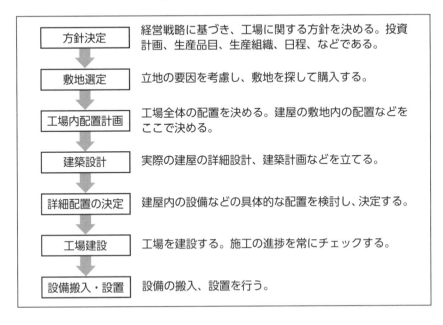

方針決定	経営戦略に基づき、工場に関する方針を決める。投資計画、生産品目、生産組織、日程、などである。
敷地選定	立地の要因を考慮し、敷地を探して購入する。
工場内配置計画	工場全体の配置を決める。建屋の敷地内の配置などをここで決める。
建築設計	実際の建屋の詳細設計、建築計画などを立てる。
詳細配置の決定	建屋内の設備などの具体的な配置を検討し、決定する。
工場建設	工場を建設する。施工の進捗を常にチェックする。
設備搬入・設置	設備の搬入、設置を行う。

❸ 工場立地の諸要因

　工場の敷地を選定する場合には、工場立地の諸要因を考慮する。立地要因には気候・風土、工業用水、原材料、労働力、関連企業、社会環境、公害・災害など検討すべき項目が数多くあるため、方針の実現に向け最適な工場にするために、慎重に検討を行うべきである。

　また、立地の前段になるが、工場を建設することで収益性が上がるのか、生産性が上がるのかといった経営的観点をもって計画を立案しなければならない。

【 工場立地の諸要因 】

項目	内容
気候・風土	温度、湿度、雨量、降雪量などの気象条件を考慮する必要がある。
工業用水	製造過程で水を多量に使用する場合は、工業用水が十分に確保できるかどうかを考慮する必要がある。
原材料	原材料を容易に入手できるかどうかを考慮する。たとえば、輸入する材料を使用する場合は、荷揚げ港に近いなどが条件になる。
労働力	工場で働く人（労働力）を確保できるかどうかを考慮する。
関連企業	建設する工場と関連する企業がどこに立地しているかを考慮する。
社会環境	敷地周辺の都市計画、周辺のインフラの整備状況なども重要な要因である。また、海外に立地する場合はその国のカントリーリスクも考慮に入れる。
公害・災害	公害に対する規制、廃棄物などの処理の条件、あるいは、地震、台風などのリスクの度合いなどを検討する。

過去問　過去5年間での出題はない。

第5章 工場計画 ① 工場計画

論点33 工場レイアウト

ポイント

工場の生産性を最大限に高めるためには、工場内のレイアウトが重要となる。

1 工場レイアウト

工場内の設備や作業スペースの配置をレイアウトと呼ぶ。工場で生産を行う場合に、生産効率を上げてコストを削減するためにもレイアウトは重要である。【論点23】の工程分析の視点を持ってレイアウトを設計していくことになる。工場のレイアウトには8つの原則がある。

【 工場レイアウトの8つの原則 】

原則	内容
①安全・満足の原則	従業員が安全に働き、満足が得られるようにすること。
②総合の原則	生産要素を最も経済的に調和できるように総合化すること。
③最短移動の原則	工程間の流れは最短にし、移動の無駄は省くこと。
④流れの原則	工程間の物の流れが円滑になるようにすること。
⑤空間利用の原則	工場内の空間を有効的に利用できること。
⑥柔軟性の原則	工場のレイアウトの変更を容易に行えるようにすること。
⑦バランスの原則	スムーズな生産を行えるように、バランスを考えたレイアウトを行うこと。
⑧管理単純化の原則	管理が複雑にならないようなレイアウトにすること。

2 設備配置の形式

工場内で生産を行う場合には、材料、人、設備などの移動が生じる。移動の対象によって設備配置の形式は異なるが、材料に着目した場合には、固定式、機能別、製品別の3つに分類できる。

122

【 設備配置の形式 】

配置名	内容	長所・短所	イメージ図
固定式	船舶や大型製品などに適用される。材料・部品が決められた場所にあり、組立場所は定位置にあり、そこに生産設備や工具を運んで生産を行う。	・本体の移動が少ない。 ・設計、工程変更に対応しやすい。 ・機械、工具の移動に時間がかかる。	
機能別	多品種少量生産に適用される。同じ種類、あるいは、類似した機械や設備を1ヵ所に集めて配置する。	・製品、計画の変動に対応しやすい。 ・機械の稼働率が高い。 ・運搬距離が長くなる。 ・手待ち、仕掛品が多くなる	
製品別	少品種多量生産に適用される。製品別にその完成までを連続した工程で生産できるように、生産設備を原材料から製品までの変換過程に従って直線的に配置する。	・作業が単純化し、機械の専門化が可能になる。 ・仕掛品が減少する。 ・機械台数が多くなる。 ・設計変更に対応しにくい。	

❸ SLP

SLP（System Layout Planning）とは、レイアウト計画の代表的な手法である。施設（工場）に配置される対象をアクティビティと定義し、そのアクティビティ間の物の流れと関連性の強さに基づいてレイアウトを設計する。

【 SLPの実施手順 】

原則	内容
①Ｐ－Ｑ分析	どの商品（Product）をどの程度の生産量（Quantity）にするのかを分析する。
②物の流れ分析	各工程の流れを図に表して分析する。
③アクティビティ相互関係分析	アクティビティ（レイアウトされる対象となるもの）の相互の関係を分析する。
④アクティビティ相互関係ダイヤグラム	最適なレイアウトになるようにアクティビティ同士を線でつないでいく。
⑤スペース相互関係ダイヤグラム	各アクティビティに必要な面積を見積もり図示する。
⑥レイアウト案の作成	⑤からレイアウト案を作成する。

追加 ポイント

＜DI（Distance-Intensity）分析＞
工場レイアウトを分析する手法の1つ。運搬の距離や頻度、重量などの強度を2次元平面上にプロットすることにより、運搬の無駄によるレイアウトの課題を発見する手法である。
・Distance：図表の横軸に取り、運搬の距離を表す。
・Intensity：図表の縦軸に取り、運搬の強度を表す。強度の尺度としては、重量、パレット数、運搬頻度等が用いられる。

過去問

令和5年度 第2問 SLPとDI分析　　令和3年度 第3問 生産現場のレイアウト
令和3年度 第7問 工場レイアウトの特徴　　令和2年度 第3問 SLP
令和2年度 第15問 DI分析　　令和元年度 第3問 物の流れ分析

論点34　設備管理と設備保全

ポイント

生産現場での機械設備の自動化が進むことで、設備の管理、特に設備保全を適切に行わないと品質に大きな影響を与えるようになってきている。

1 設備管理

　設備管理は、企業の設備の計画・設計・製作・保全・更新など設備の一生涯の管理を意味する。また、機械設備の保守・点検とそれに使用される治工具・測定器の改善や標準化を設備管理という場合もある。

　近年、機械設備の自動化が進むことで、設備が性能を維持して動作するかどうかによって製品の品質や原価が左右されるようになってきている。また、老巧化した設備の変更に伴う設備投資は、経営を圧迫する要因にもなってきているのである。

2 設備保全

　設備保全とは、設備の技術的な性能を完全な状態で維持し、正常な生産を行えるようにするための活動である。効率的な設備保全は、設備寿命の延長や設備故障に伴う生産停止の予防などに効果があり、企業収益にも大きな影響を及ぼすため、計画的に取り組む必要がある。

　保全活動は、維持活動と改善活動に分類できる。維持活動とは、設計時の技術的な性能を維持することを目的とする。また、改善活動とは、性能の劣化に対して改善、改修を行うことを目的とする。

【 設備保全 】

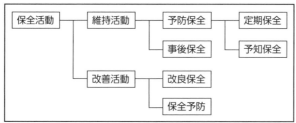

出所：『生産管理用語辞典』　公益社団法人 日本経営工学会編　一般財団法人日本規格協会

3 維持活動

① 予防保全

　故障を起こす前に寿命を推定し、故障を未然に防止する活動を予防保全とい

う。設備診断の技術を用いて劣化や故障傾向を事前に把握し、故障する前に予防する活動である。予防保全は実施時期により定期保全と予知保全（状態監視保全）に分類される。

- **定期保全**

  定期的に行う保全活動である。

- **予知保全（状態監視保全）**

  故障の前兆を捉えるために継続的に観察し、異常状態を察知した時点で行う保全活動である。

② **事後保全**

設備の欠陥が発見された段階で、その欠陥除去を行う活動を事後保全という。故障によるダメージがシステム全体に影響を及ぼさないような設備、つまり故障が生産活動に大きな影響を及ぼさない設備に対して行う活動である。

4 改善活動

① **改良保全**

故障や不良を起こしにくい設備に改善し、性能を向上させることを目的として行う保全活動である。部品などの変更による生産性向上や寿命の延長、また、生産サイクルタイム短縮のための保全活動もこの改良保全である。

② **保全予防**

設備や部品などに対して経験に基づき、将来の故障を未然に防止する仕組みを、計画・設計段階において組み込んでいく活動である。

〈TPM（Total Productive Maintenance）〉
　生産システム効率化の極限追求（総合的効率化）をする企業の体質づくりを目標にして、生産システムのライフサイクルを対象とし、"災害ゼロ・不良ゼロ・故障ゼロ"などあらゆるロスを未然防止する仕組みを現場現物で構築し、生産部門をはじめ、開発、営業、管理などの全部門にわたって、トップから第一線従業員に至るまで全員が参加し、重複小集団活動によって、ロス・ゼロを達成する生産保全活動。
　設備総合効率（第5章【論点35】）は、設備の効率化を阻害する7大ロスを時間的ロスの面から数値化したもの。
　自主保全の7つのステップ（①初期清掃（清掃点検）、②発生源・困難箇所対策、③自主保全仮基準の作成、④総点検、⑤自主点検、⑥標準化、⑦自主管理の徹底）が提唱されている。

過去問	令和5年度　第19問　　TPM
	令和4年度　第17問　　保全活動
	令和4年度　第19問　　TPM
	令和2年度　第19問　　保全体制と保全費
	令和元年度　第18問　　保全活動
	令和元年度　第20問　　TPM

A 論点35 設備の故障と信頼性

ポイント

故障は故障率曲線に従って発生する。また信頼性を測る尺度として、可用率、平均故障間動作時間があり、保全性の尺度として平均修復時間がある。

1 設備の故障

故障とは、JIS生産管理用語では、「設備が次のいずれかの状態になる変化。(a)規定の機能を失う、(b)規定の性能を満たせなくなる、(c)設備による産出物や作用が規定の品質レベルに達しなくなる」と定義されている。

縦軸に設備の故障率を、横軸に時間をとると、故障率のグラフは下図に示すようなバスタブのような形をした曲線となる。このグラフをバスタブ曲線(寿命特性曲線)と呼ぶ。

【 バスタブ曲線 】

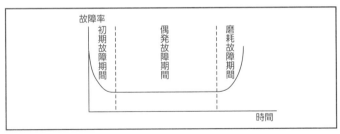

出所：『生産管理用語辞典』 公益社団法人 日本経営工学会編 一般財団法人日本規格協会

① 初期故障期間

設備導入当初は、設備そのものの不具合などが原因の故障が多く発生する。

② 偶発故障期間

設備は安定稼働するようになり、故障も偶発的なものとなる。

③ 磨耗故障期間

設備寿命に近づいてくると、部品などの劣化が原因で再び故障率は上昇する。

2 設備の信頼性

信頼性を数量的に評価する尺度としては、可用率、平均故障間動作時間(平均故障間隔)などがあり、保全性の尺度として平均修復時間などがある。

① 可用率

可用率とは、必要とされるときに設備が使用中または運転可能である確率である。アベイラビリティ（可用性、可動率、稼働率）とも呼ぶ。

② 平均故障間動作時間 (MTBF：Mean operating Time Between Failures)

平均故障間動作時間とは、修理可能な設備において、故障から次の故障までの、動作時間の平均値、つまり故障していない時間の平均値である。

③ 平均修復時間 (MTTR：Mean Time To Repair)

平均修復時間とは、それぞれの修理に費やした時間の平均値である。この値が小さいほど保全性は高くなる。

【 MTBF、MTTR、可用率の計算例 】

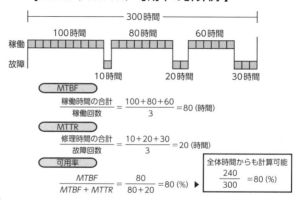

追加 ポイント

＜設備総合効率＞

設備の総合的な使用効率を把握するのに使用される指標。

設備総合効率＝時間稼働率×性能稼働率×良品率　で算出できる。

　時間稼働率＝（負荷時間－停止ロス時間）÷負荷時間×100％

　性能稼働率＝（基準サイクルタイム×加工数量）÷稼働時間×100％

　良品率＝（加工数量－不良数量）÷加工数量×100％

※負荷時間＝稼働時間＋停止ロス時間（修理、段取り、立ち上げ等）

　稼働時間＝正味稼働時間＋性能ロス時間（チョコ停、生産速度低下）

過去問

令和5年度　第21問　MTTRと偶発故障期間

令和4年度　第18問　設備総合効率

令和4年度　第19問　設備の信頼性と設備総合効率

令和3年度　第19問　設備の稼働・故障・修復時間　　令和2年度　第20問　設備総合効率

論点36 材料

> 材料は金属材料と非金属材料、複合材料に分類される。今後は、高分子材料が工業材料として主要な位置付けになると考えられている。ただし、試験で直接問われる可能性は低いため、細かく覚える必要はない。

1 工業材料

　工業材料は含まれる原料を基準に、金属材料、非金属材料、複合材料に分類することができる。

① 金属材料

　金属材料は、鉄を用いた鉄鋼材料と、銅やアルミニウムなどの非鉄金属材料に分けられる。

② 非金属材料

　非金属材料は、金属以外の材料であり、プラスチック、ゴム、木材、ガラス、セメント、セラミックスなどの材料である。

③ 複合材料

　2種類以上の材料を組み合わせて、それぞれの短所を補って新たな性質を持たせた材料である。繊維強化プラスチック（FRP）などの材料である。

【 材料の分類 】

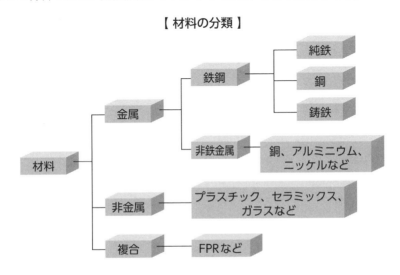

② 高分子材料

工業材料として近年注目されている高分子材料について説明する。

① エンジニアリングプラスチック

エンジニアリングプラスチックとは、強度、耐熱性、耐磨耗性などに優れ、機械部品、電気電子部品などに用いられるプラスチックの総称である。金属材料に比べ成形が容易であり、安価で大量生産に適している。

② 液晶ポリマー

液晶ポリマーとは、溶融時に液晶状態になる熱可塑性樹脂の総称である。最大の特徴は、溶融時に分子が規則性を持っており固化時にも基本的にはその構造が変わらないことである。そのため、強度、剛性が強く、耐熱性もあるため、携帯電話やパソコンのコネクタなどに広く使用されている。

③ スーパーエンプラ

エンジニアリングプラスチックよりも機能的に優れており、耐熱性も、エンジニアリングプラスチックが摂氏100度以上なのに対し150度以上の高温で長期使用可能なものを、スーパーエンプラという。電機部品や自動車部品などに広く用いられている。

④ 生分解性プラスチック

生分解性プラスチックは、微生物などによって分解するプラスチックである。完全生分解性プラスチックは、水と二酸化炭素に完全に分解する性質を持っているため、従来のプラスチックに比べて自然環境への負担が少ない。

⑤ 繊維強化プラスチック (FRP)

繊維強化プラスチックは、ガラス繊維などの繊維をプラスチックの中に入れて強度を向上させた複合材料である。ガラス繊維を用いたGFRP、GRPや、炭素繊維を用いたCFRPなどがある。

追加 ポイント

〈鉄鋼材料〉
金属材の代表である。炭素含有量によって分類される。
0.02%以下　純鉄　　0.02〜2.14%　鋼　　2.14〜6.69%　鋳鉄

過去問　過去5年間での出題はない。

論点37 加工法

> ものづくりは塗装、溶接、加工といったさまざまな方法で行われている。また、ナノテクノロジーやバイオテクノロジーなどの新技術は従来のものづくりとは違う方法が用いられている。ただし、試験で直接問われる可能性は低いため、細かく覚える必要はない。

1 塗装と溶接

① 塗装

　塗装とは、材料の表面を塗料の皮膜で覆う表面処理技術の一種である。保護、防錆、あるいは装飾を目的として行われる。主に下表のような塗装方法がある。

【 塗装方法 】

塗装方法	内容
ハケ塗り・ローラー塗り	ハケやローラーといった道具を使用して塗装する方法である。
吹付塗装	塗料を霧状にして高圧空気 (缶スプレー、あるいはエアーブラシとエアコンプレッサーを使用) とともに吹きつける方法である。
エアスプレー	吹付塗装の一種で、高圧空気を使わず、塗料を高圧にしてその圧力で噴霧する方法である。高圧空気中の水分を嫌う塗料などに使われる。
電着塗装	塗料と被塗物にそれぞれ違う極性の静電気を負わせて、水性塗料中に被塗物を入れて塗装する方法である。
静電塗装	被塗物を正極(＋)、噴霧状にした塗料を負極(－)に帯電させ、電気的に塗料を被塗物に吸着させる方法である。

② 溶接

　溶接とは、2つ以上の部材を溶融してから一体化させることである。溶接において母材を溶かすために電気やアーク放電などが用いられる。建設業、自動車産業、宇宙産業、造船など、先端技術だけでなく生活を支える基本的な技術である。

❷ 加工法

主な加工法として、切削・研削加工、鋳造加工、塑性加工、放電加工、レーザー加工などがある。

① 切削・研削加工

切削加工とは、加工物を刃物で除去することにより加工することである。研削加工とは、加工物を研削砥石で削り取ることで加工する加工方法である。

【 切削・研削加工 】

加工方法	内容
旋盤	工作物を回転させ、固定された切削バイトと呼ばれる工具で切削加工をする工作機械の１つである。
フライス盤	フライスと呼ばれる工具を用いて、回転しながら平面や溝などの切削加工を行う工作機械である。
ボール盤	工作物は静止させ、ドリルと呼ぶ切削工具を回転させながら送り運動をさせることで穴あけ加工を行う工作機械である。
ホーニング盤	ホーニング加工に用いられる。ホーニング加工とは、加工対象物の内径を精密に研磨し、仕上げる加工のことである。

【 切削・研削加工の例 】

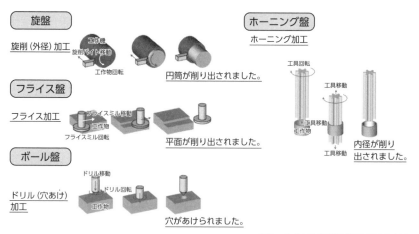

出所：株式会社松浦機械製作所ＨＰより

② 鋳造加工

鋳造加工とは、材料（鉄・アルミ合金などの金属）を融点よりも高い温度で熱して液体にした後、型に流し込み、冷やして目的の形状に固める加工方法である。

【 鋳造加工 】

加工方法	内容
ダイカスト	ダイスと呼ばれる精密な金型に溶融金属を高圧で圧入し、高い精度の鋳肌のきれいな鋳物を短時間に大量に生産する鋳造方式のことである。ダイキャストともいわれる。
シェルモールド法	精密鋳造法の1つで、鋳型が貝殻状になることからこう呼ばれる。鋳物用の砂に合成樹脂を混ぜて焼成した鋳型を使用する。大量生産品の鋳型製作に利用されることが多い。

③ 塑性加工

塑性加工とは、材料に大きな力を加えて変形させることによって、目的とする形状に加工する加工方法である。

【 塑性加工 】

加工方法	内容
せん断	板金加工などで、板の打ち抜きを行うことをせん断加工という。平行面に関して、反対方向に力を作用させた場合に発生する変形を利用した加工方法である。
鍛造加工	金属をハンマー等で叩き圧力を加えることで、金属内部の空隙をつぶし、結晶を微細化して、強度を高めながら成形する方法を鍛造加工という。古くから日本刀、火縄銃の銃身の製造に用いられる工法である。

④ 放電加工

放電加工とは、電極と被加工物との間に短い周期で繰り返されるアーク放電（電極の間の電位差を利用した放電）を起こさせ、被加工物の表面を除去する機械加工の方法である。機械加工技術では加工できなかった金属加工に使用される。

⑤ レーザー加工

レーザー加工とは、強力なレーザー光を用いた加工方法である。レーザー光の熱を利用する場合と、レーザー光の光化学反応を利用する場合とがある。

3 新技術

① ナノテクノロジー

　ナノテクノロジーとは、ナノメートル(10^{-9}m)の領域において、物質を制御する技術である。物質を原子レベルの大きさで制御して使用することにより、医療分野においてナノサイズのロボットによる治療や、建築分野での自己増殖機能の利用など、さまざまな分野で将来に向けた発展が期待されている。

② バイオテクノロジー

　バイオテクノロジーとは、生物学の知識を実社会で活用する技術を指し、特に遺伝子を操作する場合には遺伝子工学と呼ばれる。現在では、醸造、発酵、再生医学、品種改良などさまざまな分野と密接に関連している。

　クローン技術や遺伝子組み換え作物など倫理面や環境面の議論が活発に行われており、遺伝子組換え生物等規制法(遺伝子組換え生物等の使用等の規制による生物の多様性の確保に関する法律)などの規制も行われている。

　また、動植物などから生まれた生物資源の総称をバイオマスと呼び、このバイオマスを「直接燃焼」したり、「ガス化」するなどして発電したバイオマス発電が循環型社会の構築、地球環境の改善の手段として注目されている。

③ 産業用ロボット

　産業用ロボットとは、人間の代わりに作業を行う機械であり、ISOでは、「3軸以上の自由度を持つ、自動制御、プログラム可能なマニピュレータ」と定義されている(マニピュレータとは、ロボットの腕や手に当たる部分のこと)。

追加 ポイント

令和2年度第5問の中で、積層造形の単語が出てきた。積層造形とは、立体物を水平に輪切りにした断面データをもとに、紙・樹脂・粉体などの薄い層を積み上げて立体物を製作する技術であり、イメージしやすいものでいえば、3Dプリンターやレーザーカッターなどに用いられている。

過去問
令和2年度　第5問　立体造形に係る技術
令和元年度　第4問　加工技術

A 論点38 環境法規

> ものづくりを行うために、環境に配慮したものづくりを行うことが重要になる。環境保全の推進のために、数々の法律が制定されている。

❶ 環境基本法

　環境保全の施策の基本になるのが、平成5年に制定された環境基本法である。環境基本法の目的は、環境の保全について基本理念を定め、国、地方公共団体、事業者および国民の責務を明らかにするとともに、環境の保全に関する施策の基本となる事項を定めることにより、環境の保全に関する施策を総合的かつ計画的に推進することである。

❷ 環境に関する法規体系

　環境に関する主な法律体系を下図に示す。

【 環境法規体系 (主なもの) 】

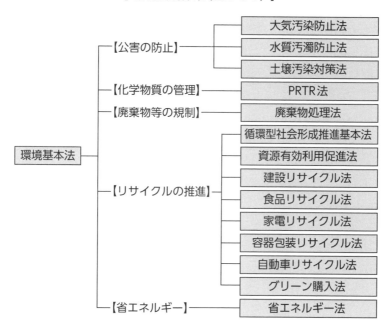

❸ 各法律の概要

環境基本法以外の各法律の概要を以下に示す。

① 省エネルギー法

燃料資源の有効な利用と確保のため、エネルギーの使用の合理化を総合的に進めることを目的とした法律。

省エネ法の対象は、<u>企業全体の年間エネルギー使用量（原油換算値）が合計1,500kL以上になる事業者</u>。対象分野は<u>工場等、輸送、住宅・建築物、機械器具の4分野</u>。工場等におけるエネルギー使用の合理化措置の中には、「化石燃料及び非化石燃料の燃焼の合理化」や「放射、伝導、抵抗等によるエネルギーの損失の防止」なども含まれる。

エネルギー管理指定工場等ごとにエネルギー管理者もしくはエネルギー管理員の選定が必要。<u>中長期的にみて年平均1%以上のエネルギー消費原単位の低減に努める</u>としている。認定を受けた事業者は、複数事業者の連携により削減したエネルギーの量を、事業者間に分配して報告することができる。

令和4年度の改正で、

(1) 対象エネルギーは燃料、熱、電気で、風力、太陽などは含まれなかったところ、<u>非化石エネルギーも含むすべてのエネルギーが対象となった</u>。非化石エネルギーとしては、水素、アンモニア、廃プラスチック、木材などが挙げられる。

(2) 特定事業者等は、非化石エネルギーへの転換の目標に関する中長期計画の作成及び非化石エネルギーの使用状況等の定期報告を行うことが求められる。

(3) 再エネ出力制御時への電力の需要シフトや、電力の需給ひっ迫時の電力の需要減少を促すため、特定事業者等は、電力の需給状況に応じた「上げDR（再エネ余剰時等に電力需要を増加させる）」・「下げDR（電力需給ひっ迫時に電力需要を抑制させる）」の実績報告を行うことが求められるようになった。

② 食品リサイクル法

食品リサイクル法とは、食品産業に対して食品循環資源の再生利用等を促進するための法律。

食品リサイクル法の基本方針では、<u>食品廃棄物等の再生利用よりも発生抑制を優先的な取り組みとして位置付け</u>、再生利用および発生抑制の目標値を設定。主務大臣は、再生利用等が基準に照らして著しく不十分であると 認めるときは、食品廃棄物等多量発生事業者に対して、<u>勧告、公表</u>および命令を行うことができる。

令和元年には基本方針に、

（1）基本理念において食品ロスが明記され、食品関連事業者および消費者の食品ロス削減に係る役割が記載された。

（2）事業系食品ロスについては、2030年度を目標年次として、サプライチェーン全体で2000年度の半減とする目標が新たに設定された。2024年度までの再生利用等実施目標については、食品製造業95%、食品卸売業75%、食品小売業60%、外食産業50%と設定された。

（3）食品廃棄物等多量発生事業者は、都道府県および市町村別の食品廃棄物等の発生量および食品循環資源の再生利用等の実施量を国に報告することになった。

③ 循環型社会形成推進基本法

環境基本法の下位法に位置付けられるとともに、廃棄物・リサイクル対策に関する個別法に対しては、上位法としての役割を持つ基本法。循環型社会の概念を示し、有価物も含めた概念として廃棄物等を定義した。「発生抑制（リデュース）」、「再使用（リユース）」、「再生利用（マテリアルリサイクル）」、「熱回収（サーマルリサイクル）」、「適正処分」の順に処理の優先順位を定めた。（3Rの法制化）

自ら生産する製品等について廃棄リサイクルまで一定の責任を負う拡大生産者責任について事業者の責務として定めるとともに、国の施策として製品等の引き取り・循環的な利用の実施、製品等に関する事前評価についての措置を定めた。

追加 ポイント

＜エコアクション21＞
環境省が策定した日本独自の環境マネジメントシステム（EMS）。ISO14001規格を参考としつつ、中小事業者にとっても取り組みやすい環境経営システムのあり方を規定している。環境経営レポートの作成と公表を必須の要件としている。
＜LCA（ライフサイクルアセスメント）＞
ある製品のライフサイクル全体（資源の採取から製造、使用、輸送、廃棄やリサイクルまで）やその特定段階における環境への影響を定量的、客観的に評価する手法。ISO14040はLCAの一般原則に関する規格となっている。

過去問

令和5年度　第5問　循環型社会形成推進基本法における再使用の定義
令和5年度　第20問　省エネ法　令和5年度　第24問　食品リサイクル法
令和4年度　第21問　エコアクション21　令和3年度　第21問　循環型社会の施策
令和3年度　第26問　食品リサイクル法　令和2年度　第22問　環境保全
令和元年度　第26問　食品リサイクル法と基本方針

論点39 廃棄物管理

> 廃棄物の発生を抑制し、資源の有効活用を図るための取組みが求められている。

１ 廃棄物とは

廃棄物とは、もはや不要となって廃棄対象となったものや、すでに廃棄された価値のないものを指す。廃棄物は産業廃棄物と一般廃棄物に分類される。

２ ゼロエミッション

1994年に国連大学が提唱した「ゼロエミッション構想」の中で示された概念であり、産業活動から出る廃棄物を他分野の材料として活用し、従来であれば廃棄物となっていたものをリサイクルすることで廃棄物発生量ゼロを目指す考え方のこと。

３ 3R政策

これまでの日本は、高度経済成長を経て大量生産・大量消費・大量廃棄を行ってきた。それらの蓄積から廃棄物処分場の逼迫や、資源の枯渇など、新たな問題に直面している。これらの問題に抜本的に取り組むため、循環型の経済社会を推進すべく、政府はさまざまな環境保全に関わる政策を打ち出している。その中の１つである、廃棄物の発生を抑制し、資源の有効活用を図るための取組みとしてリデュース・リユース・リサイクルという、いわゆる3R政策がある。

【 3Rの概要 】

リデュース （発生抑制）	省資源化や長寿命化といった取組みを通じて製品の製造、流通、使用などに係る資源利用効率を高め、廃棄物とならざるを得ない形での資源の利用を極力少なくすることである。
リユース （再使用）	いったん使用された製品を回収し、必要に応じて適切な処置を施しつつ製品として再使用を図ることである。
リサイクル （再資源化）	いったん使用された製品や製品の製造に伴い発生した副産物を回収し、原材料としての利用または焼却熱のエネルギーとしての利用を図ることである。

〈コージェネレーション〉
内燃機関、外燃機関等の排熱を利用して動力・温熱・冷熱を取り出し、総合エネルギー効率を高める、新しいエネルギー供給システムの1つであるコージェネレーションが近年注目されている。

令和4年度 第21問 3R

店舗・販売管理

第1章	店舗施設に関する法律知識
第2章	店舗・商業集積
第3章	商品仕入・販売（マーチャンダイジング）
第4章	商品補充・物流
第5章	流通情報システム
第6章	その他店舗・販売管理に関する事項

A 論点1 都市計画法

> 都市計画法は、人々が文化的で健康的な生活を送れるように区域や地域ごとに制限を設けている。各区域や地域での制限を確認しておこう。

1 概要

都市計画法は、人々が文化的で、健康的な生活を送れるように、計画的な市街地開発、施設整備の基本的なあり方を定めた法律。計画的な都市開発を行うために、いくつかの区域に分け、それぞれで規制を設けている。

2 都市計画区域

都市計画区域とは、自然的社会的条件や人口、土地利用、交通量などの現況および推移を勘案して、一体都市として総合的に整備、開発及び保全する必要のある区域。都道府県が指定する。

① 市街化区域と市街化調整区域

無秩序な市街化を防止し計画的な市街化を図るために市街化区域と市街化調整区域との区分を定めることを区域区分という。市街化区域と市街化調整区域を定める都市計画区域を線引き都市計画区域といい、市街化区域と市街化調整区域を定めない都市計画区域を非線引き都市計画区域と呼ぶ。

【 各区域の特徴と制限 】

市街化区域	既に市街地になっている区域およびおおむね10年以内に優先的計画的に市街地として整備を図るべき区域。
市街化調整区域	市街化を意図的に抑制する区域。田、畑などがたくさんある農村地帯などが該当。道路などの都市施設は整備されるが、原則として農林漁業用以外の建物の建築は認められない。

② 用途地域

住居、商業、工業等の用途を適正に配分して都市機能を維持増進することを目的として設定する地域。建築物の用途や建築物の形態制限（容積率、建蔽率、高さ等）について、地方公共団体が都市計画の内容として決定する。

大規模集客施設とは、床面積1万m²を超える集客施設（映画館、アミューズメント施設、展示場、店舗、飲食店等）。

【 用途地域内の主な制限 】

地域		主な制限
第一種低層住居専用地域	良好な低層住宅環境を保護するために定める地域	住宅、延べ面積の1/2以上が住居で店舗・事務所の部分が50m²以下の兼用住宅、2階以下で作業場の面積が50m²以下のパン屋等の工場、幼稚園、小中学校、高校、診療所等は建設できる。
第二種低層住居専用地域		2階以下で150m²以下の店舗や飲食店等は建設可能。
田園居住地域	農地や農業関連施設などと調和した良好な低層住宅環境を守るための地域	2階以下で150m²以下の店舗や飲食店、一定の地域で生産された農産物を販売もしくは加工して提供する500m²以内の店舗や飲食店、ビニールハウスなどの農産物の生産施設、農業関連の倉庫等は建設可能。
第一種中高層住居専用地域	良好な中高層住宅の環境を保護するため定める地域	2階以下で500m²以下の店舗や飲食店等は建設可能。
第二種中高層住居専用地域		2階以下で1,500m²以下の店舗や飲食店や事務所や倉庫等は建設可能。
第一種住居地域	住居の環境を保護するための地域	3,000m²以下の店舗や飲食店や事務所や倉庫、50m²以下危険性の低い工場等は建設可能。
第二種住居地域		1万m²以下の店舗や飲食店、事務所、倉庫は建設可能
準住居地域	道路の沿道等に設定される地域	
近隣商業地域	近隣住民が日用品や食料品等を購入するための地域	店舗や飲食店に対する面積の制限はなく、住宅、小規模の工場（危険物等を取り扱う場合は規制あり）、商業施設等の建設が可能。
商業地域	商業その他の業務の利便性を増進するために定めた地域	1万m²以上の大規模集客施設も建設可能。 ※近隣商業地域はキャバレー等は建設不可。
工業地域	工業の業務の利便性を増進するための地域。	工場以外では、住宅、1万m²以下の店舗や飲食店、事務所、倉庫等は建設可能。
準工業地域		危険性が大きいかまたは著しく環境を悪化させるおそれがある工場以外は建設できる。1万m²以上の大規模集客施設も建設可能。
工業専用地域		住居、物販店、飲食店は建築できず、工場以外では工場で働く上で、最低限必要な施設だけが建築可能。

※左端に縦書きで「用途地域」と記載。

③ 都市再生特別措置法と立地適正化計画

　行政と住民や民間事業者が一体となって、高齢者をはじめとする住民が公共交通で生活利便施設等にアクセスできるコンパクトなまちづくりに取り組むため、都市再生特別措置法が改正され、立地適正化計画制度が創設された。

　立地適正化計画の区域は、都市計画区域内でなければならない。1つの市町村内に複数の都市計画区域がある場合には、すべての都市計画区域を対象として立地適正化計画を作成することが基本となる。複数の市町村にまたがる広域都市計画の場合、複数市町村で共同して立地適正化計画を作成することが望ましいとしている。

　立地適正化計画区域内に居住誘導区域と都市機能誘導区域の双方を定めるとともに、居住誘導区域の中に都市機能誘導区域を定めることが必要。

【 居住誘導区域と都市機能誘導区域 】

居住誘導区域	人口減少の中にあっても一定エリアにおいて人口密度を維持することにより、生活サービスやコミュニティが持続的に確保されるよう、居住を誘導すべき区域。
都市機能誘導区域	医療・福祉・商業等の都市機能を都市の中心拠点や生活拠点に誘導し集約することにより、これらの各種サービスの効率的な提供を図る区域。都市機能誘導区域ごとに立地を誘導すべき都市機能増進施設を、誘導施設と呼ぶ。都市機能増進施設とは、商業施設や医療施設や教育施設など、居住者の共同の福祉や利便性の向上を図るために必要な施設であって、都市機能の増進に著しく寄与するもの。

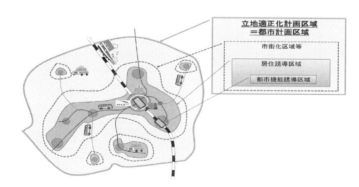

過去問	令和5年度　第27問　立地適正化計画
	令和4年度　第23問　居住誘導区域と都市機能誘導区域　　　令和4年度　第24問　都市計画法
	令和3年度　第23問　立地適正化計画　　　令和2年度　第24問　立地適正化計画
	令和元年度　第23問　都市計画法　　　令和元年度　第24問　立地適正化計画

B 論点2 大規模小売店舗立地法

ポイント

大規模小売店と地域社会の融和を図る目的で、大規模小売店舗立地法が施行された。

1 概要

大規模小売店舗立地法は、大規模小売店舗の立地に伴う周辺地域の生活環境への影響を緩和し、大型小売店と地域社会との融和を図るための制度として、建物の設置者（所有者）が、大規模小売店舗を設置しようとする場合に配慮すべき事項を中心に定められている。

大規模小売店舗立地法の施行に伴い、中小小売業の事業活動の機会の適正な確保を目的としていた大規模小売店舗法は廃止された。

2 大規模小売店舗とは

大規模小売店舗とは、店舗面積1,000㎡を超える小売店舗。小売店舗とは、営利かは問わず継続反復して消費者に物品を販売する行為がその主たる業務である店舗をいい、物品加工修理業（洋服の修理等）は含むが、飲食店は含まない。

店舗面積とは、直接物品販売に使用される部分であり、事務所、荷扱所、食堂、トイレ、エレベーター、屋上、催事場、通路、休憩室等は含まない。

大規模小売店舗を新設する場合は、開店予定日の8か月前までに都道府県に対して届出をしなければならない。

3 運用主体

運用主体は都道府県および政令指定都市である。

都道府県および政令指定都市は、

・大規模小売店舗の設置者が正当な理由なく勧告に従わない場合は、その旨を公表できる。罰則はない。

・大規模小売店舗の新設日の公告をしたときは、速やかに市町村に通知し、市町村から意見を聞かなければならない。

4 大規模小売店舗が配慮すべき事項

大規模小売店舗立地法の指針等で下記の配慮が求められている。

(1) 駐車需要の充足その他による大規模小売店舗の周辺の地域の住民の利便及び商業その他の業務の利便の確保のために配慮すべき事項

<u>駐車場</u>(駐輪場)の位置や構造および収容台数、<u>荷さばき施設</u>の位置及び面積、<u>交通渋滞</u>、歩行者通路、交通安全等。

(2) 騒音の発生その他による大規模小売店舗の周辺の生活環境の悪化の防止のために配慮すべき事項

<u>騒音対策</u>、街並みづくり、<u>廃棄物</u>にかかわる事項(保管、運搬、処理)等。

過去問

令和5年度 第25問 大規模小売店舗立地法
令和4年度 第23問 大規模小売店舗立地法の目的
令和2年度 第23問 大規模小売店舗立地法

論点3　中心市街地活性化法

ポイント

中心市街地活性化法は、都市計画法、大規模小売店舗立地法とともに「まちづくり三法」の1つである。この法律は、都市機能の増進と経済活力向上を定め、国民生活向上と経済の健全な発展を目的としている。

1 概要

中心市街地活性化法は、都市中心部の衰退化現象に歯止めをかけるべく、都市中心部に対して政策的に資源を集中させようとするもの。

総合的かつ一体的に推進するため、内閣に中心市街地活性化本部を設置するとともに、市町村が作成する基本計画の内閣総理大臣による認定制度を創設、地域が一体的にまちづくりを推進するための中心市街地活性化協議会の法制化等の措置を講じている。認定を受けた基本計画に基づく取り組みは、選択と集中の観点から集中的かつ重点的に支援を受けることができる。

2 中心市街地活性化法の支援スキーム

①中心市街地活性化本部（本部長：内閣総理大臣）が基本方針を作成。

②市町村は、基本方針に従って中心市街地の活性化基本計画を作成し、内閣総理大臣に認定の申請をすることができる。その際、中心市街地活性化協議会等の意見を聞かなければならない。

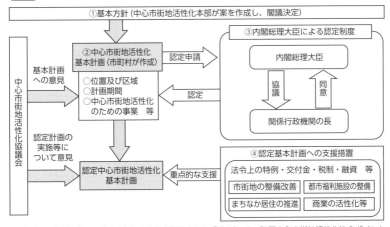

出所：国土交通省HP　「よくわかる中心市街地のまちづくり」　6．改正中心市街地活性化法のポイント

③内閣総理大臣は、市町村が申請した基本計画を認定する。

④国は認定を受けた基本計画に基づく取り組みに対して支援を行う。

❸ 中心市街地活性化協議会

中心市街地活性化協議会は、都市機能の増進を総合的に推進するための調整を図るのにふさわしい者として中心市街地整備推進機構やまちづくり会社（行政や市民、事業者が一体となり、まちづくりを進めるために設立された民間の会社）、経済活力の向上を総合的に推進するための調整を図るのにふさわしい者として商工会又は商工会議所等から構成される。

❹ 中心市街地整備推進機構

中心市街地整備推進機構は、中心市街地における都市機能の増進を総合的に推進する者。

営利を目的としない法人（社団法人、財団法人、NPO法人）で、

・情報の提供、相談、その他の援助

・認定基本計画の内容に即して整備する事業の実施

・土地の取得管理及び譲渡、中心市街地の整備改善に関する調査研究等

の業務を行う者を、その申請により市町村長が指定することができる。

B 論点4 建築基準法

ポイント

建築基準法は、建築物の敷地、構造、設備及び用途に関する最低限の基準を定めた法律である。

1 目的と概要

建築基準法とは、建築物の敷地、構造、設備や用途に関する最低の基準を定めることによって、人の命や財産を守り、公共の福祉を増進することなどを目的に制定された法律である。

工事着手前に建築計画をチェックする建築確認制度、工事完了時の検査のほか、完成前の事前チェック制度を設けている。防火、防災面では、防火地域指定有無、用途地域指定などによって建築物の高さや規模、建築構造を規定、制限している。

2 平成30年改正のポイント

近年、空き家が増加傾向にある中で、住宅をそれ以外の用途（店舗等）に変更して活用することが求められている。また、木材を建築材料として活用することで、循環型社会の形成等が期待されており、平成30年に建築基準法の一部が改正された。

① 建築物・市街地の安全性の確保

（1）維持保全計画の作成等が求められる建築物の範囲が拡大された。（2）防火地域・準防火地域における延焼防止性能の高い建築物の建ぺい率制限が10％緩和された。

② 既存建築ストックの活用

戸建住宅等（延べ面積200㎡未満かつ3階建て以下）を他の用途とする場合に、在館者が迅速に避難できる措置を講じることを前提に、耐火建築物等とすることが不要になった。

③ 木造建築物の整備の推進

耐火構造等とすべき木造建築物の対象が見直された（高さ13m・軒高9m超→高さ16m超・階数4以上）。

3 令和4年改正のポイント

建築物分野の省エネ対策の徹底、吸収源対策としての木材利用拡大等を通じ、脱炭素社会の実現に寄与するために改正された。

①建築確認・検査の対象となる建築物の規模等の見直し

・木造建築物の建築確認の対象は、2階建て以上又は延べ面積200㎡超の建築物に見直され、建築確認検査の審査省略については平家かつ延べ面積200㎡以下の建築物が対象となり、建築確認及び審査の対象は非木造と統一化され、省エネ基準の審査対象も同一の規模となる。

②階高の高い木造建築物等の増加を踏まえた構造安全性の検証法の合理化

・2級建築士においても設計できる簡易な構造計算で設計できる建築物の規模を拡大(高さ13m以下かつ軒高9m以下→階数3以下かつ高さ16m以下)。

・2階建て以下の木造建築物で構造計算が必要となる規模について、延べ面積が500㎡を超えるものから、300㎡を超えるものまで規模を引き下げる。

③中大規模建築物の木造化を促進する防火規定の合理化

・延べ面積が3,000㎡を超える大規模建築物を木造とする場合にも、構造部材である木材をそのまま見せる「あらわし」による設計が可能となるよう、新たな構造方法を導入する。

④部分的な木造化を促進する防火規定の合理化

・耐火性能が要求される大規模建築物においても、壁・床で防火上区画された範囲内で部分的な木造化を可能とする。

・防火上の分棟的に区画された高層・低層部分をそれぞれ防火規定上の別棟として扱うことで、低層部分の木造化を可能とする。

・他の部分と防火壁などで有効に区画された建築物の部分であれば、1,000㎡を超える場合であっても防火壁などの設置は要さない。

⑤既存建築ストックの省エネ化と併せて推進する集団規定の合理化

・省エネ改修などの工事に際して、第一種低層住居専用地域等や高度地区における高さ制限について、屋外に面する部分の工事により高さ制限を超えることが構造上やむを得ない建築物に対する特例許可制度を創設。

・屋外に面する部分の工事により容積率や建蔽率制限を超えることが構造上やむを得ない建築物に対する特例許可制度を創設する。

⑥既存建築ストックの長寿命化に向けた規定の合理化

・住宅の居室に必要な採光に有効な開口部面積を原則1/7以上としつつ、一定条件の基で1/10以上まで必要な開口部の大きさを緩和する。

・既存不適格建築物における増築時等に、防火規定、防火区画規定について、分棟的に区画された建築物の一の分棟のみに増築等する場合は、当該分棟部分に限って遡及適用する。

追加 ポイント

〈看板等の防火措置〉
防火地域内にある看板、広告塔、装飾塔、その他これらに類する工作物で、建築物の屋上に設けるもの、または高さ3mを超えるものは、その主要部分を不燃材料で造る、または覆わなければならない。

〈工作物の指定〉
広告塔、広告板、装飾塔、記念塔その他これらに類するもので、高さ4mを超えるものは、工作物確認申請が必要となる。

〈屋外広告物法〉
都道府県は、屋外広告物の形状、面積、色彩などの表示方法の基準を条例で定めることができる。

過去問
令和5年度　第26問　看板等の防火措置
令和4年度　第26問　屋外広告物の規定
令和2年度　第27問　平成30年改正

論点5　消防法

> 消防法では防火管理者を定めている。また大規模小売店舗では、防火管理
> が義務付けられている。

🔳 目的

　消防法とは、火災の予防・警戒によって人の命や財産を守ることや火災によ
る被害を軽減することなどを目的に制定された法律である。

🔳 概要

　消防法で規定しているいくつかの項目について説明する。

① 防火対象物

　敷地が広大であったり、大規模小売店舗や工場のように多数の人々が出入り
した場合、大規模火災が発生すると人的・物的に甚大な被害が生じる。そこで、
通常の建造物よりも厳しい防火管理を求め、必要な措置を講じるために防火対
象物が決められた。

　防火対象物には、山林、舟車、船きょ、ふ頭に繋留された船舶、建築物、そ
の他の工作物、延長50メートル以上のアーケードなどが該当する。その中で
も「多数の者が出入りするものとして政令で定めるもの」を特定防火対象物と
定めている。特定防火対象物のうち防火対象物全体の収容人員が30人以上の
ものには、防火管理者等の選任が必要となる。

② 点検

　店舗に設置されている消火器具や火災報知設備などの機器点検は6か月に1
回、非常電源や配線の総合点検は1年に1回行わなければならない。

　機器点検・総合点検を行った結果を、非特定防火対象物の場合は3年に1回、
特定防火対象物は1年に1回、消防長または消防署長へ報告する義務がある。

③ 防火管理者

　防火に関する講習会の課程を修了した者等一定の資格を有し、かつ、その防
火対象物において防火上必要な業務を適切に遂行できる地位にある者で、防火
対象物の管理権原者から選任されて、その防火対象物の防火上の管理を行う者

をいう。防火管理者には、甲種と乙種の2種類の区分がある。

【 防火管理者の区分 】

	甲種防火管理者	乙種防火管理者
概要	比較的大きな防火対象物や、火災発生時に人命への被害大と考えられる福祉施設の防火管理者となる資格を有する。	甲種以外（延べ面積が甲種防火対象物未満のもの）の防火対象物（乙種防火対象物という）の防火管理者となれる。
防火対象物	不特定の人が出入りする建物 （映画館・病院・複合商業ビル・ホテルなどの特定防火対象物） 収容人員が30人以上、かつ延べ床面積が300㎡以上	・延べ面積300㎡未満のもの ・収容人員が30人未満のテナント等
	特定の人が出入りする建物 （共同住宅、学校、工場、事務所など） 収容人員が50人以上、かつ延べ床面積が500㎡以上	・延べ面積500㎡未満のもの ・収容人員が50人未満のテナント等
	特別養護老人ホーム・グループホーム・障害者支援施設などの福祉施設 （特定防火対象物のうち、施行令別表第一の6項ロの区分に該当する施設） 延べ床面積に関係なく収容人員が10人以上	選任できない
	収容人員が甲種防火対象物の人数未満であれば防火管理者の選任は不要である。	

過去問
令和5年度　第26問　小売店舗における防火管理
令和元年度　第25問　小売店舗における防火管理

論点6　店舗立地

ポイント

商工業を営む場所を決めることを立地といい、扱う商品の特性により立地
条件の優劣が決定される。

１ 立地とは

　商品を販売するために顧客との接点を持つことが重要である。そのためには、
顧客のいる場所、あるいは、通いやすい場所に店を出店する必要がある。この
出店する場所を決めること、あるいは、実際に出店することを立地という。

　立地は以下のような点を考慮して決める。

【 立地の考慮点 】

考慮点	内容
人の流れ	店の前を人が通る時間帯など
周辺の人口	店の周辺の人口、昼間、夜間の人口
交通手段、交通の便	店に行くまでの交通手段。人の場合は駅やバス停からの距離。車の場合は駐車場の有無など
周辺の施設の状況	店の周りの観光施設、ホールや娯楽施設。あるいは、大きな工場、オフィスなど人の集まる場所の有無
購買者の客層	来店する顧客の客層。年齢、職業、性別など
同業者の出店状況	同業者が周辺地域に出店しているかどうか。

２ 最寄品販売の立地条件

　立地の条件は、その店で扱う商品の特性によっても変わってくる。最寄品の
場合、文字どおり「最寄りの店」で購入する場合の多い商品である。次の点を
考慮して立地を決めていく。

【 最寄品販売の立地条件 】

立地条件	内容
店の前の人通り	商品特性から店の前をまず通ってもらうことで購買につなげる。

顧客の家・事業所から の距離、利便性	徒歩・自転車での時間距離、あるいは自動車による交通アクセス性、駐車性の良さを考える。思い立ったときに買いに寄れることが重要である。
近隣店舗や商店街との 関連	ついでに寄る、ということで、関連する店が近くにあるかどうか。
可視性と入店しやすさ	見ただけで何を売っているかがわかり、立ち寄りやすいかどうか。
大型店との関係	同じ商品をついでに買う利便性の高い大型店が近くにあるかどうか。

❸ 買回品販売の立地条件

買回品の場合、複数の商品を比較、検討して決めることから、その店で検討がしやすいかどうかが重要である。

【 買回品販売の立地条件 】

立地条件	内容
商店街や周辺地域の集客力	いろいろと見て回る顧客に、買い物を楽しむ場を提供できるかどうか。
競合店の存在	比較、検討する際に競合店も近くにあるかどうか。
交通の便、利便性	いろいろと回ってみることを考えて、交通の便が良いかどうか。
ネット販売との違い	店員の対応や実際に触ってみられるなどして店舗に顧客を誘導できるかどうか。

追加 ポイント

近年出題は減っているが、平成23年度には、経済産業省が実施した「平成19年商業統計調査」から確認できる全国の小売商店の立地傾向に関する問題が出題された。総合スーパーが駅周辺だけでなくロードサイドに、コンビニエンスストアが、住宅地区だけでなくオフィス地区や工業地区その他に出店する傾向にあるという内容である。今回説明した論点と結びつけて押さえておきたい。

過去問
過去5年間での出題はない。

B 論点7　商圏

> 商圏は、距離や住居人数を用いて分析を行う。

1 商圏とは

商圏とは、「ある商店、商店街が影響を及ぼす地理的な範囲」と定義できる。商勢圏とも呼ぶ。商圏は、扱う商品（最寄品、買回品など）、店舗の業態（個人商店、コンビニ、百貨店など）、顧客の生活圏、などによって変化する。一般に距離や来店者の居住人数の割合などで第1次から第3次までを分類して商圏分析を行うケースが多い。

2 ライリー・コンバースの法則

商圏の把握の方法として代表的な方法が、小売吸引力の法則と呼ばれる、ライリーの法則とライリー・コンバースの法則である。

① ライリーの法則

2つの都市はその中間にある地域や都市の購買力にどの程度の吸引力を及ぼすかを示したものである。つまり、2つの都市の間に住んでいる人が、ある商品を欲しいと思った時にどちらの都市に買いに行くかを考えた法則である。法則は、「2つの都市の中間に位置する地域、都市の小売の吸引力は、2つの都市の人口に比例し、距離の2乗に反比例する」という内容である。つまり、「大きい街か小さい街かというと大きい街に行くけれども、近いかどうかをより重要に考える」ということを意味する。

② ライリー・コンバースの法則

コンバースは、ライリーの法則から2つの都市の間のどこが商圏の分岐点になるのかを求める公式を発表している。つまり、2つの都市の間のどの地点が小売吸引力の均衡点（等しい点）になるのか、ということを算出する式である。

3 ハフモデル

　ハフモデルとは、米国の経済学者であるハフが作成したモデルで、ある店舗に消費者が買い物に出かける確率を、他の店舗との競合状況を考慮しながら予測するものである。消費者は、近くにある大きな店舗へ行くという一般的な傾向を前提にしており、ある店舗を選択する確率を、店舗の売場面積に比例し、そこまでの距離に反比例するとして公式化している。

　また、日本ではハフモデルを日本の現状に合わせてアレンジした「修正ハフモデル」を採用してきた。これは、時間距離の抵抗係数 λ を2としたモデルで、1980年代に、当時の通産省（現在の経済産業省）が、大規模小売店舗法に基づく出店審査の基準として設定したものである。

【 ライリーの法則 】

公式

$$\frac{Ba}{Bb} = \frac{Pa}{Pb} \times \left(\frac{Db}{Da}\right)^2$$

Ba：A市の吸引力
Bb：B市の吸引力
Pa：A市の人口
Pb：B市の人口
Da：A市までの距離
Db：B市までの距離

例

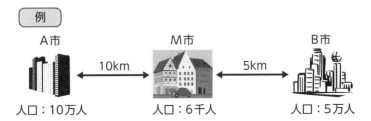

A市　　　　　　　　M市　　　　　　　　B市
　　　←10km→　　　　　←5km→
人口：10万人　　　人口：6千人　　　人口：5万人

$$\frac{100,000}{50,000} \times \left(\frac{5}{10}\right)^2 = \frac{1}{2}$$

M市のうち、2千人はA市に、4千人はB市に買い物に行く、という計算になる。

【 ライリー・コンバースの法則 】

公式

$$Db = \frac{Dab}{1 + \sqrt{\dfrac{Pa}{Pb}}}$$

Db　：B市から商圏分岐点までの距離
Dab：A市とB市の距離
Pa　：A市の人口
Pb　：B市の人口

例

A市　　　　　　　　　商圏分岐点　　　　　　　　　B市

人口：20万人 ◀――――――――――――▶ 人口：5万人

30km

$$\frac{30}{1 + \sqrt{\dfrac{20}{5}}} = \frac{30}{1 + 2} = 10$$

B市から10Km離れた地点が商圏分岐点という計算になる。

【 ハフモデルと修正ハフモデル 】

公式 ハフモデル (λ を 2 としたものが修正ハフモデル)

$$Pij = \frac{\dfrac{Sj}{Tij^{\lambda}}}{\displaystyle\sum_{j=1}^{n} \dfrac{Sj}{Tij^{\lambda}}}$$

Pij ：i 地点の消費者が、店舗 j で
　　　買い物をする確率
Sj ：店舗 j の売場面積
Tij ：i 地点から店舗 j までの時間距離
λ ：時間距離の抵抗係数
n ：競合店舗の数

例

A店　　　　　　　消費者　　　　　　　B店

10分　　　　　　20分

100㎡　　　　　　　　　　　　　400㎡

$$\frac{\dfrac{100}{10^2}}{\dfrac{100}{10^2} + \dfrac{400}{20^2}} = \frac{1}{1+1} = 0.5$$

消費者がA店に買い物に行く確率は50%である。

追加 ポイント

実際に数字を当てはめて手で計算して覚えておきたい。

過去問
令和4年度 第25問 ライリーの法則
令和3年度 第24問 修正ハフモデル
令和2年度 第25問 ライリー・コンバースの法則

B 論点8 商業集積 (計画的な集積)

商業集積とは複数の小売店や関連施設が集まって事業を行っている形態である。

1 ショッピングセンター (SC)

　一般社団法人日本ショッピングセンター協会が公表している『SC 白書 2023 (デジタル版)』について概要をまとめる。

　総SC数、1SC平均テナント数、1SC平均店舗面積は以下のようになっている。なお、1SC平均テナント数および1SC平均店舗面積は、2008年以降増減を繰り返している。

【 ショッピングセンターの概要 】

総SC数/店	3,133
1SC平均テナント数/店	53
1SC平均店舗面積/m²	17,348

人口15万人以上の都市で商業機能が集積した中心市街地を中心地域とし、それ以外を周辺地域とした場合のそれぞれのSC数は以下であり、周辺地域のほうが多い。

【 中心地域と周辺地域の比較 】

	中心地域	周辺地域
SC数/店	470	2,663

キーテナントのことを核店舗と呼ぶが、1核（キーテナントが1つ）のSCが一番多い。なお、1核のSCで一番多いキーテナントの業種は総合スーパーで、2番目は食品スーパーある。

【 キーテナントの有無 】

キーテナントの有無	SC数
核なし	769
1核	1,904
2核	402
3核	51
4核以上	7

　ディベロッパー業種別SCとしては小売業が一番多く、その業態としては総合スーパーが一番多い。

　ビル形態別SC数は商業ビルが一番多く、業種別テナント数は物販が一番多い。

追加 ポイント

　毎回似た論点が問われているので、過去問で出題傾向を確認しておこう。『SC白書 (デジタル版)』の分量は多くはないので、過去問で出題傾向を確認した後に一目通しておくといいだろう。

過去問
令和5年度 第22問 ショッピングセンターの現況
令和3年度 第22問 ショッピングセンターの現況
令和元年度 第22問 ショッピングセンターの現況

論点9 商業集積（商店街）

ポイント

古くからの商業集積である商店街の多くが衰退し、空洞化が進んでいる。商店街活性化の支援は診断士に求められている役割の1つである。中小企業庁のHPなどで実際の取組みの事例などを確認しておくとイメージが湧きやすい。

1 商店街の機能

商店街とは「商店の集まっている地区」を意味している。多くは、駅前など人通りのある場所に店が自然に集まってきて形成されている場合が多い。商店街は、日用品などを中心に食料品・衣料品・雑貨店、飲食店などが集まり、毎日の生活の中で日常の買い物や食事などの提供を通じて地元コミュニティの中核的な役割も担ってきたのである。

2 商店街の課題

近年、外部環境の変化などで衰退している商店街が多くなってきている。その衰退の原因を以下に記述する。

【 商店街衰退の原因 】

自動車社会の進展	生活の行動範囲が広がり、徒歩で行くことのできない場所でも駐車場さえあれば出かけられるようになった。また、郊外のショッピングセンターに行くことでワンストップで何でも購入可能になり、日常の買い物もそこで済ますようになってきた。駐車場のない商店街はその点で顧客の減少を招いた。
消費者の意識の変化	地元のお互いの顔の見える関係を大切にして商品を購入していた時代から、消費者が情報を得て自分で商品を選択できる店が支持されるようになった。その点で、多くの品揃えで、安価に販売するショッピングセンターのような形態が支持されるようになってきた。
多様な店舗の出現	ショッピングセンターなどの大型店舗やコンビニエンスストア、あるいは、インターネットなどを利用した販売など多様な販売の形態が出現して、消費者の選択肢が増えてきた。
人口の移動	駅前周辺から郊外へ、あるいは、地方から都会へと人口が移ることによって、商店街周辺の商圏の人口が減ってしまった。

各商店、商店街内部の要因	以下のような内部の要因も考えられる。 ・経営者の高齢化、後継者難 ・店舗の努力不足での集客力の低下 ・店舗の老朽化（駅前などの一等地で地価が高いため建て直しが難しい）

　商店街の衰退は、社会にさまざまな問題を生んでいる。その代表的なものとして以下のような点が考えられる。

① 地域コミュニティの衰退

　中心街の商店街の衰退に伴い、地域に活気がなくなり、地域のコミュニティが維持できなくなってきている。また、それによる治安の悪化などの問題も発生している。

② 高齢化への対応

　自動車を利用できない高齢者の日常の食料品や日用品の買い出しが困難になるという問題が発生している。

　以上のような課題を解決し、活性化に向けて取り組んでいる代表的な項目を以下にまとめた。

【 商店街活性化の取組み 】

イベント	商店街でのお祭りや季節や暦に応じたセール、福引などの実施
合同の駐車場	近隣に商店街の契約駐車場の確保
付加サービス	ポイントカードの発行や商品券の発行
高齢者向けサービス	高齢者への商品配送サービスの実施
共同でのPR	商店街のキャラクターを採用したり、HPでPRをする
近代化	アーケードの設置、イメージカラーなどでの店舗イメージの同一化
空き店舗の活用	ギャラリーやイベントスペースとして貸し出し
行政の支援	活性化の条例化、専門家の派遣

3 『令和3年度商店街実態調査』結果の概要

・1商店街あたりの店舗数やチェーン店舗率は増加している。
・商店街の業種別店舗数は、飲食店（28.0%）が最も多い。
・商店街の平均空き店舗率は減少しており、今後も増加すると回答した商店街（49.9%）が最も多い。
・商店街組織の専従事務職員（パート、アルバイト含む）が0名の商店街が

74.1%。

・商店街への来街者数（調査時点から3年前との比較）は、「減った」と回答した商店街は増加。

・商店街が抱える問題は、経営者の高齢化による後継者問題が最も多い（72.7%）。

・キャッシュレス決済の取組は、50%以上の店舗で導入している商店街は約2割。

・新型コロナウイルス感染症のまん延による影響を踏まえ商店街で新たに取り組んだ取組は、「テイクアウト販売に対応した（45.6%）」が最も多い。

追加 ポイント

『令和3年度商店街実態調査』結果の分量は多くはないので、一目通しておくといいだろう。

過去問　令和5年度　第23問　商店街実態調査　　令和2年度　第26問　商店街実態調査報告書
　　　　令和元年度　第27問　商店街空き店舗実態調査報告書

(以下、p.85からのつづき)

(4) 設備の管理

設備管理 (設備管理の基礎 (5 S、工具管理、設備のライフサイクル、TPM 等)、保全 (保全方法、故障、工事、保全活動 等)、評価と更新 (設備効率、設備更新、減価償却、耐用年数 等)、工場計画 (SLP (システマティックレイアウトプランニング)、DI分析、プラントレイアウト、設備配置 等)、経済性分析 (独立案、排反案、現価、年価、終価、投資案の評価 等)、その他

(5) 物の管理

資材管理 (資材管理 (資材計画、常備品、材料支給方式 等)、調達 (外注管理 (選定基準、外注指導、外注の評価 等)、製造委託、一貫外注 等)、在庫管理 (ABC分析、発注方式、EOQ等)、マテリアルハンドリング)、品質管理 (QC手法 (QC七つ道具、新QC七つ道具等)、TQM、ISO9000)、廃棄物等の管理 (環境保全に関する法規、廃棄物の処理・管理 (基礎的技術、環境対策、ゼロエミッション 等)、ISO14000)、その他

II. 店舗・販売管理

(1) 店舗・商業集積

店舗施設に関する法律知識 (都市計画法、大規模小売店舗立地法、中心市街地活性化法、建築基準法、立地適正化計画、防火管理、廃棄物の管理)、店舗立地と出店 (立地条件、商圏分析、出店評価)、商業集積と業種・業態 (ショッピングセンター、商店街、共同店舗、店舗小売業の業種・業態、インターネット販売とその他無店舗販売)、店舗施設 (店舗構造、店舗の屋外施設 (駐車場、看板 等)、景観)、その他店舗・商業集積に関する事項

(2) 商品仕入・販売 (マーチャンダイジング)

商品販売計画 (販売・仕入予算、商品構成、品揃え、販売・仕入に関する法制度 (価格設定、表示、競争、免許・認許可制 等))、商品調達・取引条件 (仕入方法、仕入先の選定管理、取引条件)、売場構成・陳列 (売場レイアウト、商品陳列 (VMD、棚割り 等)、店舗設備・什器、照明と色彩)、価格設定 (価格政策、価格決定手法、特売・値下げ)、販売促進 (販売促進計画、店内プロモーション、店外プロモーション)、その他商品仕入・販売 (マーチャンダイジング) に関する事項

(3) 商品補充・物流

商品在庫管理 (発注方法・在庫管理、需要予測)、輸配送管理 (輸送手段・ネットワーク、ユニットロード、共同輸配送)、物流センター管理 (物流センター機能・設計、物流センター運営)、その他商品補充・物流に関する事項

(4) 流通情報システム

店舗システム (POS システム、顧客管理システム)、取引情報システム (商品コード、受発注システム)、物流情報システム (バーコードシンボル、電子タグ、トレーサビリティ)、その他流通情報システムに関する事項

(5) その他店舗・販売管理に関する事項

論点10 店舗のコンセプトと計画

店舗を開店するにあたっては、ストアコンセプトを明確にして、具体的な店舗施設計画を作成する。

1 ストアコンセプト

　ストアコンセプトとは、店舗の「経営理念」とか「経営概念」、つまり、店舗をつくることで何を実現するのか、ということである。具体的には以下の3要素を考える。

　①誰に売るのか

　②何を売るのか

　③どのように売るのか

　ストアコンセプトを決めるためには、店舗を開店する地域の商圏分析や調査が必要である。中小企業診断士試験の平成21年度の2次試験、事例Ⅱで出題されたB社を例に、ストアコンセプトについてまとめてみた。

【ストアコンセプトの例】

B社

X市の中心部にあるX銀座商店街の一角に本店店舗を構えるスポーツ用品店

ストアコンセプト

地域の学校や団体との関係を深め、緻密な商品供給とサービスを提供する。

誰に	市内の学校の生徒	草野球やママさんバレーの愛好家	フットサルの愛好家	ランニングの愛好家
何を	体操着やユニフォーム	ユニフォームや用品	ユニフォームや用品	ユニフォームや用品
どのように	それぞれの学校ごとの注文に対応することで	リーグの事務局をボランティアで引き受けることで	コートを提供することで	銭湯と協業して、着替えなどのスペースを提供することで

② 店舗計画

ストアコンセプトに従って店舗施設に関して具体的に計画を作成する。店舗の外観、店舗内の設備、什器、照明、色彩などを検討する。

③ 環境変化を背景にした店舗計画

時代の要請により、環境配慮型の店舗や、バリアフリー、ユニバーサルデザインに配慮した店舗などが登場している。

① 環境配慮型（エコストア）

経済産業省が推奨する環境に留意した小売業、エコストアの概要を以下にまとめた。

【 環境配慮型小売（エコストア）】

> #### 環境配慮型小売（エコストア）の将来像
>
> ■具体的な絵姿としてのエコストア
> ○環境への取組みを通して、消費者に「買い物の楽しみ」という価値を提供し続けている。
> ○小売・店舗の徹底した温室効果ガス排出削減ならびに環境負荷削減が実現できている。
> ○同業他社・取引先・消費者および地域と協働し、サプライチェーン全体の環境負荷削減の主体となるとともに、消費者の環境意識・行動の変革に貢献している。
> ○温室効果ガスとコストの削減を同時に実現することで新たなビジネスプロセスを構築している。

② バリアフリー、ユニバーサルデザイン

バリアフリーは、障害者・高齢者などの生活弱者のために、生活に障害となる物理的な障壁の削除を行うという考え方である。一方、ユニバーサルデザインは、バリアフリー対応設備のように障害者や高齢者だけを対象にするのではなく、最初から多くの方に使いやすいものを作るという考え方である。店舗施設を計画する際には、その両方の点を考慮することが大切である。

追加 ポイント

ストアコンセプトの考え方は2次試験で問われることもあるので、押さえておくとよい。

過去5年間での出題はない。

論点11　店舗機能、外観

> 店舗は、商品販売以外にも多くの機能がある。

1 店舗の機能

店舗は商品を販売することが目的であるが、他にも次のようなさまざまな機能を持っている。

【 店舗の機能 】

機能	内容
訴求機能	店の存在感を演出し、顧客に店舗に気づいてもらう機能。店構え、看板、店頭のウインドー等のデザインなどである。
誘導機能	店内に顧客を誘導し、中に入ってもらうための機能。入りやすい入り口、通りやすい通路、明るい店内などである。
演出機能	商品の魅力を演出して、顧客に商品の購買を促す機能。見やすい陳列、人目を引くディスプレイ、色彩、照明などである。
選択機能	商品を選択して購買することを促す機能。陳列棚を低くして商品を取りやすくしたり、動線を考慮した陳列などである。
購入促進機能	顧客が買いやすくなる機能。販売方法や従業員の対応などである。
情報発信機能	顧客に対して情報を発信する機能。POPや掲示板、館内放送などである。
経営管理機能	店舗の各機能を管理対象とみた場合の機能。顧客誘導、広告宣伝、後方支援部門(管理部門など)などである。
消費者機能	消費者側から店舗を購入場所としてみた場合の機能。陳列、商品選択、購入、防災関係の諸機能である。

2 店舗の外観

① ファサード

店舗正面の外観をファサードと呼ぶ。顧客がその店に入るか、入らないかの決め手となる部分である。

② パラペット

　店舗正面上部のことで、店の看板などが設置される。店舗イメージを顧客に伝えるために活用する部分である。

③ 看板

　その店の存在を示し、その店のコンセプトを示す役割を果たす。

【 店舗の外観 】

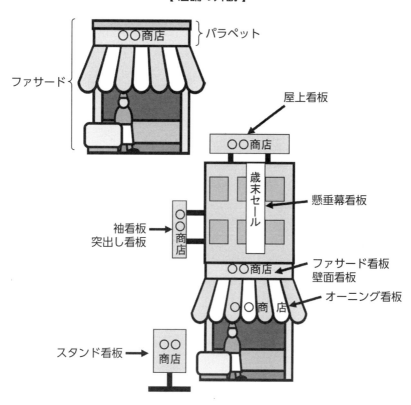

論点12 店内への誘導と什器

ポイント

顧客の店内への誘導性を決めるために、3つの要素を考慮した設計と、使用目的に合わせた什器の活用は不可欠である。

1 店内への誘導

店内に顧客を誘導するために考えなければいけないのは以下の3要素である。

① 開放度

日用品など購買頻度の高い商品の場合、入り口が両開きや入り口の幅を広くしたりして開放度を高める。また、宝飾品などを販売する店舗では、防犯上の点から開放度は低く設定する場合が多い。

② 透視度

透明度の高いガラスの面積を多くして店内の様子がよく見えるようにすることで、透視度が高くなり、親しみやすくなる。逆に、透視度が低いと高級感がでるが、あまり低くしすぎないように注意する。

③ セットバック (深度)

店頭の道路から出入り口を下げフロントスペースを設けることをセットバックするという。店頭にスペースを設けることで、店のイメージを高める効果がある。駐車場にしているケースが多いが、ちょっとした実演販売やイベントなどに利用、あるいは植栽やテーブル、椅子などを置いて、顧客が立ち止まるように工夫する。

2 什器

店舗における器材全般を指す。ラックやショーケース・テーブルなどで、材質は金属・プラスチック・紙などさまざまである。使用目的に合わせて使い分ける。冷蔵、冷凍が必要な商品の場合は、リーチインクーラー (売場側から商品を補充) やウォークインクーラー (クーラーの中に入って商品を補充) を使用する。

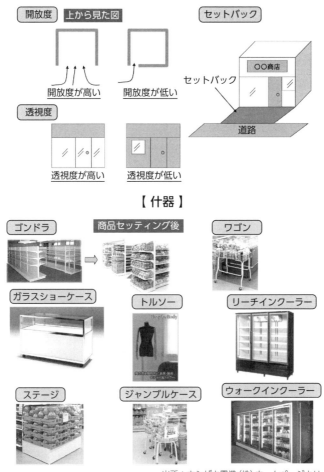

【 店内へ誘導するための3要素 】

開放度　上から見た図　　　　セットバック

開放度が高い　　開放度が低い

透視度

透視度が高い　　透視度が低い

○○商店

セットバック

道路

【 什器 】

ゴンドラ　　　商品セッティング後　　　ワゴン

ガラスショーケース　　トルソー　　　リーチインクーラー

ステージ　　　ジャンブルケース　　ウォークインクーラー

出所：ホシザキ電機 (株) ホームページより

追加 ポイント

店で販売しているものなどによって、店内誘導の方法も変化する。実際の店舗を見てイメージしてみよう。

過去問
過去5年間での出題はない。

論点13　照明と色彩

> 店舗の環境に深く関係する照明は、色彩の特性を考慮して工夫されている。

1 照明

　店舗の照明は売場の環境に大きな影響を与える。店舗設計の際に照明の明るさを検討する。たとえば、コンビニエンスストアなどではいつも明るくしておいて店内に入りやすい雰囲気を作る。食品スーパーなど、小さな文字を読めるようにしておく必要のある店舗は照明を明るくしておかなければいけない。

　また、全体の明るさを暗くすると、大人っぽく落ち着いた雰囲気になり、高級感が出る。飲食店などでは客席だけを淡く照らすと、テーブルごとに独立した空間を演出することができる。

　照明に長時間照らされると、商品の品質の劣化を招くこともあるので注意が必要である。

【 照明の種類 】

　また、照明の光源の特性によっていくつかの用語がある（右図表参照）。

2 色彩

　色彩のうち、色相とは赤み・黄み・青みなど色合いのこと、彩度とは色の鮮やかさのことである。暖色、寒色、中間色をうまく内装に使うことはもちろんである。食品においては暖色、中間色がほとんどで、寒色系を使用することはまれである。しかし、夜、心を落ち着けた時間を過ごすためのバーやカフェを、

赤などの原色中心の内装にすることは採用しにくいであろう。

① 暖色と寒色

　一般的に、オレンジや赤などは見た目に暖かい印象を与え、青や青紫は逆に冷たい印象を見る者に与える。前者を暖色、後者を寒色と呼ぶ。

② 有彩色と無彩色

　色は大きく分けて、赤、黄、緑、青、紫、のように色味のある有彩色と、白、黒、グレーのように色味のない無彩色の2種類に分けることができる。たとえば、無彩色の中でも、白は、冷たく、寂しい感じがする一方、清潔で衛生的な感じ、神聖な感じなども与える。また、黒は、暗く、恐ろしい感じを与え、基本的には魅力的な色ではない。ただし、商品の背景に用いた場合は、商品の色を引き立ててくれる。このように色によって印象が変わってくる。

【 照明の光源の特性 】

用語	単位	意味
光束	lm(ルーメン)	光源がすべての方向に放つ光の量を表す。ランプの種類やW数によって変わる。
光度	cd(カンデラ)	光源から、ある方向にどれだけの光の量が出ているかという光の強さを表す。照明器具の形や素材によって異なる。
照度	lx(ルクス)	光で照らされる場所の明るさ。ある面に対し単位面積当たりどれだけの光が届いているかを表す。
輝度	cd/m²(カンデラ毎平方メートル)	ある方向から見た、ものの輝きの強さ。照度が単位面積当たりにどれだけの光が到達しているのかを表すのに対し、輝度はその結果ある方向から見たときどれだけ明るく見えるかを表す。
色温度	K(ケルビン)	光色を物理的な数字で表したもの。色温度が高い光は青っぽく感じ、低い色は赤っぽい光として感じることができる。
演色性	Ra(アールエー)	照明により物の色の見え方が変化することを「演色」といい、照明光が物体の色に与える影響を指す。基準光で照らしたときの色の見え方を100とし、100に近いほど自然な印象の見え方になる。

出所：オーデリック (株) ホームページより

過去問　令和3年度　第26問　照明

論点14 マーチャンダイジングの概要

ポイント

マーチャンダイジングとは、売場を基点としたマーケティング活動のことである。

■1 マーチャンダイジングとは

マーチャンダイジングの活動とは、売場を基点にして、誰に、何を、いくらで、どのように提供するかを決定することである。つまり、品揃え（仕入、在庫）、価格、販売形態を決めていくことである。

いくらすばらしい商品を開発しても、実際の売場で戦略的に販売を行わない限り商品は売れないことになるため、売場を基点にしたマーチャンダイジング活動の重要性はますます向上しているのである。

■2 小売業の経営管理

かつての販売現場での評価基準は「売上」であった。しかし、市場が縮小し、競争が激化するこれからの時代の評価基準は「利益」に変化している。その際、単純に売上利益のみを評価するのではなく、効率性も重視する必要がある。そこで、最近いわれているのは、ROA（総資産対営業利益率）主義への転換である。つまり、「資産という元手をどの程度効率よく活用して利益を上げるか」という視点で販売を行う、ということである。

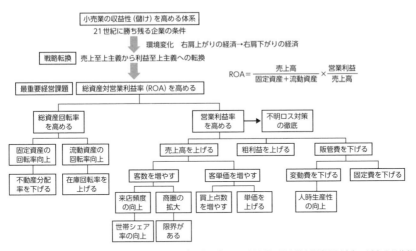

【 ROAを基準にした小売業の経営管理 】

小売業の収益性（儲け）を高める体系
21世紀に勝ち残る企業の条件

環境変化　右肩上がりの経済→右肩下がりの経済

戦略転換　売上至上主義から利益至上主義への転換

$$ROA = \frac{売上高}{固定資産 + 流動資産} \times \frac{営業利益}{売上高}$$

最重要経営課題　総資産対営業利益率（ROA）を高める

- 総資産回転率を高める
  - 固定資産の回転率向上
    - 不動産分配率を下げる
  - 流動資産の回転率向上
    - 在庫回転率を上げる
- 営業利益率を高める
  - 売上高を上げる
    - 客数を増やす
      - 来店頻度の向上
        - 世帯シェア率の向上
      - 商圏の拡大
        - 限界がある
    - 客単価を増やす
      - 買上点数を増やす
      - 単価を上げる
  - 粗利益を上げる
  - 販管費を下げる
    - 変動費を下げる
      - 人時生産性の向上
    - 固定費を下げる
- 不明ロス対策の徹底

出所:『図解　よくわかるこれからのマーチャンダイジング』　日野眞克著　同文舘出版（2006年）p.108 より抜粋

3 PDCAサイクル

　店舗での販売活動はPDCA（計画・実行・検証・展開）で行う。つまり販売、仕入、在庫について計画を立て、これを実行・検証していくやり方をとらなければならない。そのためには、実際の販売、仕入、在庫の状況を常に数値で管理し、それをもとに評価を行い、次の方針を決めていくことが大切である。

　企業全体の利益をROAで把握するが、販売では商品ごと、店ごとの利益を把握する必要がある。その際に、GMROIや交差比率などの指標を使って把握を行う。次の論点でそれらの指標について説明する。

追加 ポイント

マーケティングは生産者側から見てどのように商品を消費者に売るか、という概念であるのに対し、マーチャンダイジングは、小売業側から見てどのような品揃えをすれば売れるか、という概念である。どちらも「商品をいかに売るか」という考え方であるが、視点が違うことを理解しておきたい。

過去問　過去5年間での出題はない。

A 論点15 マーチャンダイジングでの各指標

ポイント

マーチャンダイジングは、値入率、交差比率などの指標で戦略を決定する。

1 値入率

　値入 (ねいれ) とは「商品の販売価格 (売価) を決定する」という意味である。値入率とは、商品の販売価格と仕入原価の差額の販売価格に対する比率を表したものである。粗利益率の算出方法と同様であるが、値入率が商品を販売する前の見込みを示すのに対し、粗利益率は商品販売後の実績値を示している点が違う。

　なお、上記を売価値入率と呼んで、販売価格と仕入原価の差額の仕入原価に対する比率を原価値入率と呼ぶ場合もある。

【 値入率の計算式と計算例 】

計算式

$$値入率 (売価値入率) (\%) = \frac{(販売価格 - 仕入原価)}{販売価格} \times 100$$

$$\left[原価値入率 (\%) = \frac{(販売価格 - 仕入原価)}{仕入原価} \times 100 \right]$$

計算例

仕入原価：1,000　販売価格：1,500

値入額＝1,500－1,000＝500
原価値入率＝500÷1,000＝0.50
売価値入率＝500÷1,500≒0.33

50% (原価基準) ＞ 33.3% (売価基準)

2 GMROI (Gross Margin Return On Inventory Investments)

　商品投下資本粗利益率 (GMROI) は、平均在庫の投資額に対して、いくら粗利益率 (売上高総利益率) があったかの指標であり、投資した商品在庫に対し

どれだけ利益率があったかということを示す。投資した額のリターン率ということになり、値が高くなればより効率的な経営をしているということができる。

【 GMROIの計算式と計算例 】

計算式

$$商品投下資本粗利益率（GMROI）= \frac{粗利益}{平均在庫高（原価）}$$

$$= \frac{粗利益}{売上高} \times \frac{売上高}{平均在庫高（原価）}$$

$$= 粗利益率 \times 商品投下資本回転率$$

計算例

粗利益：　　　　　　　　300,000
期首在庫高（原価）：3,000,000
期末在庫高（原価）：2,800,000

平均在庫高（原価）=(3,000,000+2,800,000)÷2=2,900,000
GMROI＝300,000÷2,900,000 ≒0.103

GMROI(%)=10.3%

❸ 交差比率

交差比率は交差主義比率とも呼ぶ。GMROI が商品投下資本額をそのまま使用する（つまり平均在庫高を原価でみている）のに対して、交差比率では商品投下資本額を売価でみて使用する。GMROI は「商品在庫の投資効率」を示すのに対し、交差主義比率は「商品の販売効率」を示す。

❹ 相乗積

粗利益率に売上高構成比を掛けたものを相乗積と呼ぶ。各部門の相乗積を合計したものは全体の粗利益率と一致する。相乗積が大きい部門ほど粗利貢献度が高い部門となるため、全体の粗利益高に対して、どの部門が貢献していて、どの部門が貢献していないかを判断する指標となる。

【 交差比率の計算式と計算例 】

計算式

$$交差比率 = \frac{粗利益}{平均在庫高（売価）}$$

$$= \frac{粗利益}{売上高} \times \frac{売上高}{平均在庫高（売価）}$$

$$= 粗利益率 \times 商品回転率$$

計算例

粗利益： 300,000
期首在庫高（売価）：3,000,000
期末在庫高（売価）：2,800,000

平均在庫高（売価）＝(3,000,000＋2,800,000)÷2＝2,900,000
交差比率＝300,000÷2,900,000 ≒0.103

交差比率 (%) ＝10.3%

【 相乗積の計算式と計算例 】

計算式

相乗積＝粗利益×売上高構成比

計算例

	売上高	構成比	粗利高	粗利益率	相乗積
部門1	1,500	20%	100	6.7%	1.3%
部門2	2,000	26.7%	200	10.0%	2.7%
部門3	1,000	13.3%	200	20.0%	2.7%
部門4	3,000	40.0%	450	15.0%	6.0%
全社	7,500	100.0%	950	12.7%	12.7%

部門1 = 0.2×0.067×100=1.3
部門2 = 0.267×0.1×100=2.7
部門3 = 0.133×0.2×100=2.7
部門4 = 0.4×0.15×100=6.0

相乗積の合計：12.7%
全社粗利益率：950÷7,500=0.1266…　→12.7%

追加 ポイント

GMROIでは、貸借対照表の棚卸資産額が原価で計上されているため、正しい商品回転率を把握でき他社との比較ができるが、交差比率は売価ベースのため他社との比較が困難である。

過去問

令和5年度　第28問（設問1）　粗利益と相乗積
令和5年度　第28問（設問2）　粗利益と相乗積
令和3年度　第27問　商品の売上と利益の管理
令和2年度　第30問　売価値入率を利用した計算
令和2年度　第32問　マーチャンダイジングの指標
令和元年度　第28問　相乗積

論点16　商品計画

ポイント

商品計画を立てるために、業種・業態を考え、それにより、商品構成、品揃えを考える。

❶ 業種・業態

業種とは、小売店を取扱商品の種類によって分類したものである。例えば、八百屋・酒屋・電器屋・薬屋などといったものがこれにあたる。つまり「何を売るか」による分け方である。一方、業態とは、営業形態による分類である。例えば、百貨店・コンビニエンスストア・ディスカウントストアなどのことで、同じ商品を売っているとしても、その提供方法は異なる。つまり「どのように売るか」による分け方である。

❷ 商品構成

どのような商品構成で販売を行うかを決定する。その際に、商品ラインと商品アイテムを「何を、どのように売るのか」によって決定する。

① 商品ライン

相互に関連性を持つ商品群のこと。商品ラインの数を「幅」と呼ぶ。例えば、自動車であれば、乗用車、トラック、軽自動車、などである。

② 商品アイテム

ある商品ラインにおける種類のある商品を指す。商品アイテムの数を「深さ」と呼ぶ。例えば、乗用車でも、排気量、色、デザインなどでさらに分類していく。

❸ 品揃え

売れ筋商品や死に筋商品をABC分析などで把握して、どの商品をどれだけ仕入れて、販売するか、いわゆる品揃えをどのようにするかの戦略を立案する。その際に実際に仕入を決定して、販売するまでの時間、時期、季節なども考慮する。例えば、クリスマスやバレンタインデーなど向けの商品は、売れる日が決まっているので、その日に何を、どれだけ、どのように売るのかについては、過去の同時期の状況、あるいは、今年のトレンドの情報などを考慮に入れて決定する。

また、売れていない商品でも、前述の業種・業態、商品構成なども考慮して、顧客が選択できる機会を奪わないように注意する。品揃えの少ない店、ということで顧客の来店が少なくなることも考えられるからである。

【 ABC分析 】

売上高	品目	売上高	構成比	累計使用金額	売上高累計構成比	区分
1	商品A	8,000	37.24%	8,000	37.24%	A
2	商品B	6,900	32.12%	14.900	69.36%	
3	商品C	3,200	14.90%	18,100	84.26%	B
4	商品D	1,200	5.59%	19,300	89.85%	
5	商品E	960	4.47%	20,260	94.32%	C
6	商品F	560	2.61%	20,820	96.93%	
7	商品G	300	1.40%	21,120	98.33%	
8	商品H	210	0.98%	21,330	99.31%	
9	商品I	100	0.47%	21,430	99.78%	
10	商品J	50	0.23%	21,480	100.00%	
合計		21,480	100%	──	──	

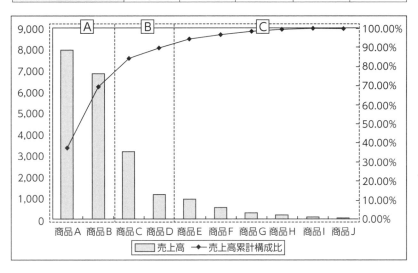

追加 ポイント

過去にカテゴリー・マネジメントについての出題がある。カテゴリー・マネジメントとは、消費者価値を向上させるような売場を作ることを意図しており、例えば、「運動不足解消、健康増進」というコーナーに、万歩計、ランニングシューズ、ランニングのノウハウ本、サプリメントなどを一緒に陳列、販売するような戦略である。

過去問

令和2年度　第33問　品揃えの方針

論点17　商品調達・取引条件

> 仕入にはさまざまな方法があるが、規模、財務状況などにより最適な方法
> を選択する必要がある。

■ 仕入方法

分類の仕方によりいくつかの仕入の方法がある。店舗の規模、財務状況、扱う商品の種類、数などによって最適な仕入方法を選択する必要がある。

【 仕入方法の分類 】

分類の方法	仕入名	内容
商品販売リスク面からの仕入方法	買取仕入	売れ残りや格下げ (売価変更) などの商品リスクは自己負担になる。
	委託仕入	在庫管理責任がなく、販売分が仕入となる。
	売上仕入	在庫管理責任はあるが、販売分のみが仕入となる。消化仕入と呼ぶこともある。
支払方法による仕入方法	現金仕入	現金決済で仕入を行う。
	掛仕入	掛決済で仕入を行う。
	分割仕入	分割払いで仕入を行う。
仕入の集中による仕入方法	集中仕入	本部一括で仕入を行う。
	共同仕入	複数の事業者で共同で仕入を行う。
	担当仕入	各店舗の担当者が仕入を行う。
仕入量による仕入方法	大量仕入	一度に大量の仕入を行う。
	当用仕入	必要なとき必要な数量の仕入を行う。

■ 仕入先の選定管理

仕入先としては以下の観点で選定を行う。

① 仕入を行う商品を扱う仕入先の探索

商品計画に基づき、仕入を行う商品を決定する。そして、その商品を扱う仕入先を探索する。

② 仕入価格の検討

販売価格から仕入価格を決め、その仕入価格で提供可能かどうかを検討する。

③ 相手先の調査

相手先の経営の状況や提供商品の品質などを調査し、商品企画力、供給の安定性、取引の公正度などから、相手先として信用できるかどうかを判断する。

❸ 取引条件

仕入先の選定が完了したら、取引条件を双方で決定する。その際に、自社の仕入計画に従って仕入の条件を決める。

① 仕入計画

販売計画を達成するための適正在庫を維持し、かつ、正常な資金繰りを行うために、いつ、どこから、何を、いくらで、どれだけ仕入れるかを計画する。販売計画、在庫計画、利益計画、資金計画などを総合的に判断して決定する。特に、在庫をできるだけ効率よく回転させ、欠品や不良在庫を防ぐ計画が必要である。

② 仕入枠

仕入計画に従って仕入枠の算出を行う。たとえば、以下の式で月間の仕入量を決定する。

月間仕入枠 ＝ 月間売上高予算 ＋ 月末予定在庫高 － 月初在庫高

③ 仕入条件の決定

仕入先と、見積書などで双方の取引条件を確認する。仕入値、発注数、リベート、販売条件、販売に関する権利の有無、返品やペナルティの規則などを確認し、双方で合意し決定する。

④ 契約

最終的に契約書など双方で売買に関する契約を行う。

追加 ポイント

> 消化仕入は、商品の所有権を卸業者やメーカーに残しておき、小売業者にて売上が計上されたと同時に、仕入が計上されるという取引形態のことである。売上仕入とも呼ばれる。

過去問　令和元年度　第30問　委託仕入

論点18　売場構成

> 売場とは商品を陳列して販売する場所である。レイアウトや商品の置き方
> ひとつで来店した顧客のその店に対する印象が変わる。

1 売場レイアウト

　棚、カウンター、ガラスケースなど、その店舗の業態に合わせた設備、什器
の配置を設計するのが売場レイアウトである。顧客が店内をくまなく、店側が
期待したとおりに歩いてもらうための技術を「ワンウェイコントロール」という。
顧客が自分の意思に従って歩いた結果として、店側が期待したとおりの導線 (こ
れを客導線と呼ぶ) になるよう上手に誘導することが売場づくりにおけるレイ
アウトの基本である。

【 売場レイアウトの例 (スーパーマーケット) 】

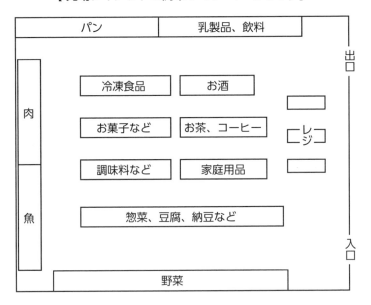

　図のスーパーマーケットの例で考えると、毎日必ず必要であろうという商品
については、必要なものをかごに順番に入れている形で、入口から出口まであ

まり後戻りしないで買い物が可能である。

　また、肉、野菜、魚のいわゆる生鮮三品は来店客のほとんどが購買すると考えられるので、その前の通路は主通路として広めに確保し、その他の商品の前の通路は副通路として、主通路に比べ狭くして棚を配置する。

② 商品配置

　売場における商品配置（ゾーニング）とは商品をグルーピングして、そのグループごとに顧客の買いやすいように配置することである。顧客を店の奥まで誘導し、滞在時間を増やすことで売上向上にもつながる。

　たとえばお酒売場におつまみを配置するなどして、関連購買（主な商品と関連する商品を合わせて買う行動）を促すように商品配置をすることも、買上点数を増やすためには効果的である。

【 ゾーニングの考え方 】

ポイント	店頭	店奥
価格	低価格品、セール品	高価格品
購買頻度	購買頻度の高い商品 説明のいらない商品	購買頻度の低い商品 説明が必要な商品
購買性	計画なしで衝動買いしそうな商品（非計画購買）	ある程度予め計画しないと買いづらい商品（計画購買）
商品別	最寄品	買回品
例： ドラッグストア	ティッシュペーパー トイレットペーパー	薬剤師の説明がいる薬

追加 ポイント

〈買回品〉
最寄品とは異なり購入頻度が低く、購入にあたり異なる店舗を回り品質や価格等を比較・検討して慎重に選ぶ商品。

令和5年度　第29問（設問1）　売場づくりの考え方
令和4年度　第29問　売場づくりの考え方

B　論点19　陳列

> 消費者は店舗で商品を発見し、選択し、購買する。この発見と選択を助けるという意味で商品陳列は大切な要素である。

1 陳列の目的と原則

　商品の販売力は、商品力と陳列力の2つの要素に分割され、この2つの要素が整っているときに販売力は高まる。陳列力は、陳列の位置、陳列される商品の量、陳列手法の3つの要素で構成される。

　陳列の原則として以下の点が挙げられる。

① 探しやすい

　グルーピングなどによりまずその棚にたどり着けるように、棚での表示やPOPなどで顧客に場所を示す。

② 見やすい

　棚の前に来たときに、顧客が商品を見やすいように、照明や棚の高さなどを調節する。

③ 選びやすい

　価格の表示や、商品の簡単な説明、他の商品との並べ方など商品を選択しやすいようにする。

④ 手に取りやすい

　商品を手に取ろうとした場合に取りやすい状況にする。手の届く高さにする、取り出したときに商品が崩れないように工夫する、などである。

2 商品の配置

　陳列の原則を考慮に入れると、人が見て、手に取りやすい場所に商品を配置する必要がある。そこで、商品を棚に配置する際に以下の2点を考慮する。

① ゴールデンゾーン

　最も顧客の目に留まりやすく、手に触れやすい高さにある領域をゴールデンゾーンと呼ぶ。ゴールデンゾーンはゴンドラの形や通路の幅などで変化するため、棚の位置や形状を工夫することで範囲を広げることが可能である。

たとえば、下の図の場合、L字型のゴンドラにすると、ゴンドラ下部もゴールデンゾーンになり、通路幅を広げると、視界が大きくなるためゴールデンゾーンが広がる。

【 ゴールデンゾーン 】

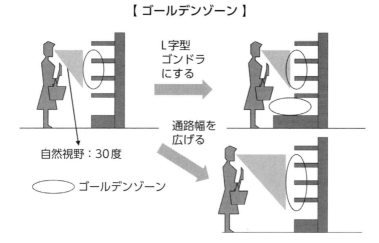

出所：『図解　よくわかるこれからのマーチャンダイジング』　日野眞克著　同文舘出版（2006年）p.179, p.181

② 垂直配置か水平配置か

商品配置の方向も意識する必要がある。垂直方向の陳列をバーティカル陳列、水平方向の陳列をホリゾンタル陳列と呼ぶ。

バーティカル陳列は、同一商品群や関連する商品を最上段から最下段まで縦に陳列することで、一部はゴールデンゾーンに陳列されるため、商品群が目立ちやすく、探しやすく、比較しやすい、という特徴がある。

ホリゾンタル陳列は、横方向にカテゴライズされた商品群を並べる陳列方法で、顧客の目線を横に切るため全体が見渡されやすく、バーティカル陳列と比べ多くのアイテムを陳列することが可能である。ただし、ゴンドラをまたがるような陳列の場合は、消費者が売場を行ったり来たりしなければならなくなる。

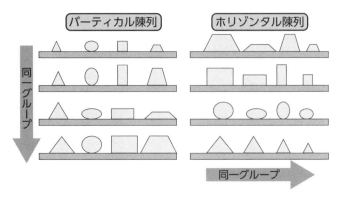

【 バーティカル陳列とホリゾンタル陳列 】

❸ 陳列の種類

　陳列の方法にはさまざまな種類がある。商品特性や販売目的などに合わせて選択していくようにする。代表的な陳列方法を以下の図表に挙げる。

【 陳列の種類 】

名前	特徴
カットケース陳列	工場出荷の運搬用ダンボールに入っているままの状態で陳列する方法である。手間を省いて売場に並べるというイメージを消費者に与え、安さをアピールできる。
ゴンドラ陳列	ゴンドラと呼ばれる陳列棚を用いた、小売店では普通の陳列方法である。
ジャンブル陳列	投げ込み陳列とも呼ばれ、藤カゴや金属のボックス、木箱などに商品を入れて陳列する方法である。基本は1容器に1つの商品アイテムが原則である。消費者に商品の安価なイメージを訴求できる。
ショーケース陳列	商品をガラス板の専用のショーケースに入れて陳列する方法。高級品やブランド品が陳列の対象商品である。
フック陳列	フック用にパッケージされた商品をフック・バーに掛けて陳列するのをフック陳列という。商品が見やすく、手に取りやすい。小型の商品を陳列するのに適している。
エンド陳列	ゴンドラ陳列の両端のコーナーを使用した陳列方法である。消費者の通行量が多い場所にあり、目につきやすいため、衝動買いなどを誘発する効果がある。

ボックス陳列	複数にまとまった商品をダンボールに入れて、売場で積み上げて販売する方法。トマトやみかんなどを箱ごと販売するときなどにとる方法である。「入荷したて」などを消費者にアピールするという演出効果もある。

【 陳列の例 】

出所：（左上段から順に）
http://ishiharaya21.hamazo.tv/e2934711.html
http://kanauka.o-oku.jp/3_uneikanri/kakomon/h24/26-30k.html
http://blog.livedoor.jp/shinadasi/archives/52777459.html
https://prtimes.jp/main/html/rd/p/000000181.000014901.html
https://www.orikane.co.jp/glossary/7852/
http://www.seoulnavi.com/special/5034064
（2021年10月25日時点）

追加 ポイント

陳列に関する問題は出題された場合、知っていれば確実に得点が狙える問題なので、正確に押さえておきたい。

過去問
令和4年度 第29問 売場づくりの考え方
令和2年度 第29問 陳列手法と特徴
令和元年度 第31問 陳列手法

論点20 棚割り

ポイント

棚割りとは、売場に商品をどのように割り当てて、陳列するのかについて
決定する陳列、販売計画である。

1 棚割り

今まで見てきた商品計画、売場構成、陳列の知識を生かして、実際に商品を
棚に配置する棚割り（プラノグラム）を行う。棚割りは以下の3つのステップ
で決定する。

① グルーピング

売場の商品の構成と、消費者の考える商品構成を合わせる作業である。これ
が同じであれば、消費者は店に来たときに商品を探し、比較し、買いやすくなる。

② ゾーニング

①の構成で、陳列スペースの配分を決定する。スペースは売上構成比などを、
配置は各商品グループ間の関係を考えて決定する。

③ フェイシング

商品ごとのフェイスの数と陳列の位置を決定する。販売実績やフェイスの効
果を考慮して決定する。

2 グルーピング

商品のグルーピングの基準は、消費者の選択基準と同じとする。その際に、「同
時購買促進の視点」と「比較購買促進の視点」でのチェックを行う。

3 ゾーニング

グルーピングされた商品を棚の中でどこに陳列するのかを決める。【論点
19】で学習した「ホリゾンタル陳列」と「バーティカル陳列」のどちらで陳列す
るのか検討する。また、各商品の陳列の数（陳列のスペース配分）については、
売上実績や売上増加率などを基準にして決定していく。

消費者にどのグループがどこにあるのかを明確に示す必要がある。そのため
には以下の点に留意する。

① サブグループの区切りを明確にする

商品グループをさらに色、容量、サイズ、種類などのサブグループに分ける

場合は、その区切りが明確にわかるように配置する。

② グループの配置をわかりやすくする

　グルーピングした商品を整理して配置しないと、消費者にグループの意図が伝わらなくなる。

③ グループ間の区切りを明確にする

　棚に色をつける、ゴンドラ間で棚板の高さをずらす、などを行い、グループ間の区切りを明確にする。

4 フェイシング

　フェイシングはゾーニングで決めた各グループのスペースに商品を割り付ける作業である。売れ筋商品のフェイス数を多くするなど販売量に対応した陳列状態にすることが基本である。フェイシングを効率的に行うことで欠品や過剰在庫を防ぐことができる。フェイスが広くなるほどその商品の売上は増加しやすくなるため、新商品やプライベートブランドなど商品戦略上の重点商品のフェイス数を増加させることも考えられる。

【 棚割りのステップ 】

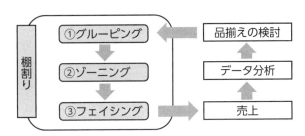

【 同時購買促進のグルーピング例 】

出所：『インストア・マーチャンダイジング』(公財) 流通経済研究所編 日本経済新聞出版社 (2008年) p.103

【 比較購買促進のグルーピング例 】

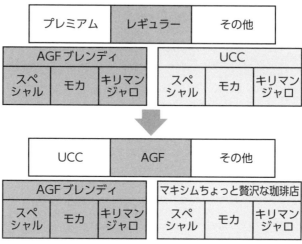

インスタントコーヒーの同一メーカーの中で比較購買を促進したグルーピング

プレミアム	レギュラー	その他

AGFブレンディ			UCC		
スペシャル	モカ	キリマンジャロ	スペシャル	モカ	キリマンジャロ

UCC	AGF	その他

AGFブレンディ			マキシムちょっと贅沢な珈琲店		
スペシャル	モカ	キリマンジャロ	スペシャル	モカ	キリマンジャロ

出所：『インストア・マーチャンダイジング』（公財）流通経済研究所編 日本経済新聞出版社 (2008年) p104

【 ゾーニング例 】

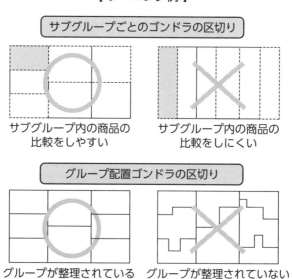

サブグループごとのゴンドラの区切り

サブグループ内の商品の
比較をしやすい

サブグループ内の商品の
比較をしにくい

グループ配置ゴンドラの区切り

グループが整理されている　　グループが整理されていない

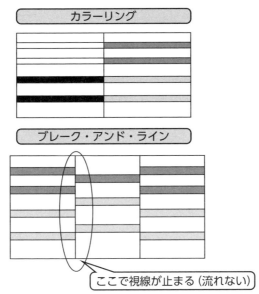

出所:『インストア・マーチャンダイジング』(公財) 流通経済研究所編 日本経済新聞出版社 (2008年) p.107、p.111

【 フェイシング方針 】

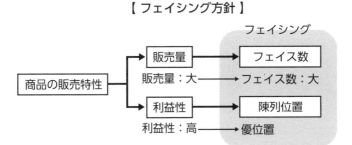

出所:『インストア・マーチャンダイジング』(公財) 流通経済研究所編 日本経済新聞出版社 (2008年) p.111

追加 ポイント

棚割りを決定する際には、商品別売上状況などをきちんと分析し、品揃えから検討する必要がある。PDCAサイクルを回して常に見直していくことが重要である。

過去問　令和3年度　第29問　ビジュアル・マーチャンダイジング (VMD)

B 論点21　価格設定

ポイント

商品の価格は、価格政策を定め、コスト・需要・競合の3つの要素を考慮して決定する。

1 価格政策

小売業界では販売を実施するにあたり価格政策を決定しなければならない。取扱商品カテゴリーごとに中心価格（プライスポイント）、価格の範囲（プライスゾーン）、価格設定（プライスライン）を設定する。

① 中心価格（プライスポイント）

大部分の客が買いたくなる売価。同一品種の価格ラインの中で最も販売数量の多い売価である。

② 価格の範囲（プライスゾーン）

取扱商品カテゴリー内の価格の範囲（ゾーン）。上限価格、下限価格を決めて、その範囲で何種類かの価格設定をする。ゾーンの中の価格をプライスラインという。

③ 価格設定（プライスライン）

設定したプライスゾーンの範囲に展開する価格。プライスラインは各プライスゾーンの中に設定される。プライスゾーンの中で価格を上下させて、最終的なプライスポイントで販売を実施できるようにする。

【 価格政策 】

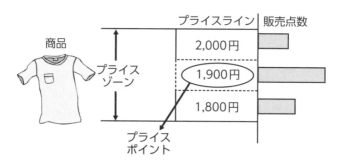

❷ 価格決定手法

価格は、一般的には企業の仕入コスト（費用）、市場の需要、競合の価格設定の、3つの要素を考慮に入れて決定する。まず、利益が得られるか、消費者がどのような価格なら納得して購買するのか、競合店はどのような価格をつけているのか、などを考慮に入れて販売価格を決定する。

【 価格決定の方法 】

方法	内容
原価加算法	仕入原価に、ある一定の利益を加えたものを価格とする方法である。式にすると、「価格＝原価＋利益」となる。
市場価格法	商品が差別化されておらず、市場内にある程度の競争相手が存在する場合に用いられる。競合商品の市場価格を考慮して価格を決定する方法である。
心理的価格決定法	価格に対する消費者の心理的反応は一様ではなく、そうした性質を捉えた価格の決定方法である。
端数価格設定法	1,000円ではなく980円という具合に、あえて端数を示すことで大台に乗らない安い価格のイメージを演出する方法である。
名声価格（威光価格）設定法	高い価格は良い品質を連想させるという消費者心理を踏まえて、あえて高価格を設定する方法である。
慣習価格設定法	同じカテゴリーの商品・サービスの価格として定着している価格（慣習価格）と同じ価格に設定する方法である。
マークアップ法	マークアップ価格設定方式は、理論的にはコストプラス価格設定方式と同様であり、投入した原価に一定の利益（値入額）を加えて販売価格を決める方法である。
模倣的価格決定法	市場の慣習的価格に従うといったケースと、プライス・リーダーである企業の価格に追随して価格を設定するケースの2パターンがある。

追加 ポイント

最初に価格を決定した後に、【論点22】で述べるインストア・プロモーションの中で「値引きや特売」といった価格主導型のプロモーション活動も実施されている。

過去問
令和4年度 第30問 価格政策
令和3年度 第27問 商品の売上と利益の管理
令和2年度 第33問 価格政策

論点22　インストア・プロモーション (ISP)

> インストア・マーチャンダイジングは、店頭で効果的、効率的に消費者へ訴求を行うことである。

■ インストア・マーチャンダイジング (ISM)

　インストア・マーチャンダイジング(ISM) は、「小売店頭で、市場の要求に合致した商品及び商品構成を、最も効果的で効率的な方法によって、消費者に提示することにより、資本と労働の生産性を最大化しようとする活動」と定義される。インストア・マーチャンダイジングは、スペース・マネジメント (SPM)とインストア・プロモーション (ISP) とに分類される。

① スペース・マネジメント

　フロア・レイアウト決定、棚割りなどで、スペース、陳列位置をコントロールして売上、利益の最大化を図ろうとするものである。詳細についてはこれまでの論点ですでに説明した。

② インストア・プロモーション

　商品に付加的な刺激を与え、短期的な売上向上を図ろうとするものである。価格主導型と非価格主導型に分かれる。

　以下、インストア・プロモーションの概要について説明する。

【 インストア・マーチャンダイジング 】

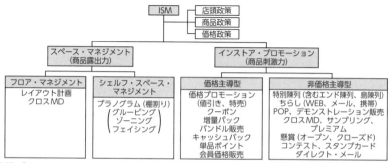

出所：『インストア・マーチャンダイジング』(公財) 流通経済研究所編 日本経済新聞出版社 (2008年) p.119

❷ インストア・プロモーション (ISP) の概要

　直接的に購買行動に働きかけるマーケティング活動のことをセールス・プロモーションと呼び、このうち、店内で展開されるセールス・プロモーションをインストア・プロモーションと呼ぶ。スーパーマーケットなど非計画購買が大半を占める場合に、購買決定を店内で行っているため、消費者に対し刺激（情報）をどのように与えるかが重要になる。つまり、店内での刺激、インストア・プロモーションが購買の意思決定に強く影響を与えるのである。

　インストア・プロモーションを行うには、その目的を明確にする必要がある。目的を明確にすることで、それに対するインストア・プロモーションの手段が変わってくる。

【 目的設定とインストア・プロモーション 】

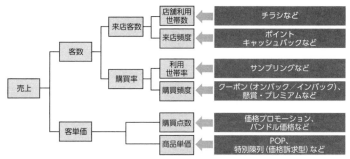

出所：『インストア・マーチャンダイジング』（公財）流通経済研究所編 日本経済新聞出版社 (2008年) p.135

追加 ポイント

POSなどを活用して、客観的な事実を把握し、それに基づいて目的に合わせたインストア・プロモーションが求められるようになっている。

過去問　過去5年間での出題はない。

論点23　インストア・プロモーションの手法

ポイント

インストア・プロモーションには、価格主導型と非価格主導型がある。

１ 価格主導型インストア・プロモーション

　価格主導型インストア・プロモーションは消費者にどのように商品の割安感を訴求するかの手法である。

【 価格主導型インストア・プロモーション 】

手法名	内容
価格プロモーション（値引き、特売）	一定期間、定番価格から価格を下げることで消費者に直接割安感を与え、購買行動を促進する手法である。他のプロモーションと連動して実施する場合もある。短期即効性が高く、特別なアイディアがなくても実施できるというメリットがある。
クーポン	特定商品の割引券を「クーポン」と呼ぶ。顧客の認識する価格を下げずに、値引きと同じ効果がある。また、クーポンを受け取った顧客がまた来店することで、リピート購買を促進する効果もある。
バンドル販売	まとめ買いをしたときに、売価を引き下げて販売する手法である。「1個200円を2個で300円」というように複数購入を促進する。
増量パック	期間を限定し、売価をそのままで容量を増やして販売する手法である。売価を変更しないため顧客の認識する価格を下げずに済む。
キャッシュバック	商品購入者に現金を返還することで購買を促進する。会員カードを配布してポイントを還元する「ポイント・キャッシュバック」という方法もある。
会員価格販売	会員カードを持つ顧客にのみ値引きして販売する手法である。カードの会員を増やす効果もある。

出所：『インストア・マーチャンダイジング』(公財) 流通経済研究所編 日本経済新聞出版社 (2008年) pp.122－126

２ 非価格主導型インストア・プロモーション

　非価格主導型インストア・プロモーションは消費者にどのように商品の価値を訴求するかの手法である。

【非価格主導型インストア・プロモーション】

手法名	内容
特別陳列（エンド陳列、島陳列）	エンド陳列、島陳列という陳列方法で商品の露出度を高めることで購買を促進する手法である。
チラシ（Web、メール、携帯）	チラシとは、自社の魅力を伝える印刷物を新聞に折り込んで配布する手法である。新聞の普及率の減少に伴って近年では、インターネット上で閲覧するWebチラシや、パソコンや携帯電話にメールなどでチラシを送付するメールチラシ、携帯チラシ等も普及し始めている。
POP	「Point of Purchase」の略で、購買時点で顧客に働きかける手法である。価格POPや商品紹介型POPなどがある。見ている時間は短いので短時間で認識できるようにすることが大切である。
クロスMD	関連を持たせた複数のカテゴリーの商品を組み合わせて陳列、演出する手法である。単一では伝わりにくい商品の価値、利用方法を訴求できる。
デモンストレーション販売	販売員が対象商品を調理、使用して見せて、試食、試用してもらう手法である。商品の魅力が直接消費者に伝わるため強力な販売促進手法である。
サンプリング	少量の試供品を提供する手法である。魅力や機能を伝達することで、その後の購買行動を促進する。
プレミアム	景品（ノベルティ）を提供することで購買を促進する手法である。
懸賞（クローズド、オープン）	クイズの正解者などに賞金や商品を提供する手法である。対象商品の購入を前提とする場合を「クローズド」、しない場合を「オープン」と呼ぶ。
コンテスト	テーマに対し応募し、優秀者などに商品や賞金を提供する手法である。その商品を使った調理方法のコンテストなどで、商品の購買を促進する。
スタンプカード	条件を満たして購買した場合にカードにスタンプを押すという手法である。来店促進を期待して実施する例が多い。
ダイレクト・メール	特定の顧客に手紙などを送付する。情報提供を通じて店や商品の魅力を訴求する。

出所：『インストア・マーチャンダイジング』（公財）流通経済研究所編 日本経済新聞出版社（2008年）pp.126−133

追加 ポイント

売場管理における商品の色・形・素材の見せ方、並べ方、売り方から始まり、商品演出、什器計画、内装計画、環境計画に至るまで、その店の主張やターゲットへの提案が、視覚的に訴求されるマーチャンダイジングの手法をビジュアル・マーチャンダイジングと呼ぶ。

過去問 過去5年間での出題はない。

A 論点24 商品在庫管理

ポイント

> 商品の在庫管理は、発注方法・数量管理・需要予測の3つの視点から行う。

1 発注方法

発注方法は、生産管理【論点16】で述べたABC分析に基づき、商品の実際の販売量をもとに決めていく（生産管理【論点15】参照）。

① 定期発注方式（生産管理【論点17】参照）

予め、一定の期間、たとえば、週に1回や月に1回のように発注する間隔を定めておき、発注の際に在庫量や需要量に応じて発注量を計算して発注する方式である。ABC分析のAグループの商品はこの方式で発注する。

② 定量発注方式（生産管理【論点16】参照）

在庫量が前もって定められた水準（発注点）まで下がったときに、決められた量（発注量）を発注する方式である。ABC分析のBグループの商品はこの方式で発注する。

③ 簡易発注方式

品目の種類は多いが取扱金額や量が少ないため、なるべく購買費用をかけずに発注する方法である。ダブルビン方式（2つの箱や入れ物などを使う方式）や定量維持方式（使用した分だけ補充する方式）がある。ABC分析のCグループの商品はこの方式で発注する。

【 発注方法 】

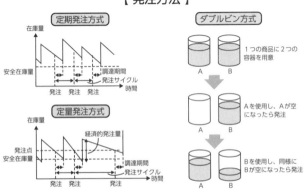

② 在庫数量管理

年間の販売力の高低に合わせて、効率的な在庫管理を図る必要があるため、平均的な在庫の限度を設定して、売上と在庫を連携させる。月初の在庫高の算出方法として以下の2つの方法がある。

① 基準在庫法

各月売上高予算に、基準在庫を加えて品切れを回避することを考慮した方法である。基準在庫は安全在庫を意味し、年間平均在庫高と月平均売上高の差で求める。

② 百分率変異法

「各月の在庫高と期間の平均在庫高の変動率は、各月売上高予算と月平均売上高の変動率の半分である」という前提に立っている。たとえば、ある月の売上高予算が月平均売上高より20%多いとすると、その月初めの在庫高は期間平均在庫高より10%増加すると考える方法である。主に年間の商品回転率が6回以上の場合に適用される。

【 在庫関連計算式 】

基準在庫法

月初在庫高予算＝各月売上高予算＋（年間平均在庫高－月平均売上高）

$$年間平均在庫高＝\frac{年間売上高予算}{予定商品回転率} \qquad 月平均売上高＝\frac{年間売上高予算}{12}$$

百分率変異法

$$月初在庫高予算＝年間平均在庫高 \times \frac{1}{2} \times \left[1+\frac{各月売上高予算}{月平均売上高予算}\right]$$

---

③ 需要予測

① 時系列データの変動要素

時系列データを用いた需要予測を行う際には、時系列データの変動要素を理解することが重要である。十分な期間が存在する時系列データの変動は、傾向変動、循環変動、季節変動、不規則変動の4種類の要素に分解することができる。

・傾向変動：長期にわたる一方的な上昇あるいは下降の傾向を表わす変動。

・循環変動：周期は一定ではないが3～15年くらいで周期的に繰り返される変動。

・季節変動：1年を周期として、季節ごとに繰り返される変動。季節的要因を除去するために、季節調整値（原数値から季節変動を除去した値）を用いて季節調整を行うことがある。

・不規則変動：先に紹介した3つの変動以外の説明ができない短期的な変動。

②予測方法

(1) 月別平均法

前期の年間の売上高の月平均を100%とした場合の各月の売上高の割合を月別平均指数として計算し、今期の年間売上高予測から、各月の予測売上高を算出する方法である。

(2) 移動平均法（生産管理【論点8】参照）

時系列に並んだデータについて、ある時点を中心にして、その前後のある範囲のデータの平均値を計算する方法である。たとえば、月毎の売上推移を見る場合、直近の数ヵ月の平均値を移動させながら予測する方法である。

(3) 指数平滑法（生産管理【論点8】参照）

観測値が古くなるにつれて指数的に重みを減少させる重み付け移動平均法のこと。

③ PI値

PI（Purchase Index）値とは、レジ通過客1,000人当たりの購買指数である。たとえば、ある商品を購入している顧客数が1,000人中100人だったら、その商品のPI値は10%になる。つまり来店客数の10%、10人に1人がその商品を購入するということを意味する数値である。PI値が高いほど購入客数が多い商品と判断できる。

④ ブルウィップ効果

ブルウィップとは「牛の鞭」の意味で、手元では少しの振りでも先端にいくと大きな振りとなることから、このようにいわれる。消費者のわずかな需要変動が、増幅してメーカーに伝わっていくこと。小売店での需要変化が、卸売業者、メーカーと川上に向かっていく段階で、その変動幅が拡大してしまい、全体で過剰な在庫を生み出してしまう現象。これは各段階で、独自の判断によって通常より多い注文をしてしまうことで、拡大が連鎖してしまうために発生する（生産管理【論点21】も参照）。

【 需要予測関連計算式 】

月別平均法

【計算例】
前期　年間売上高：2,400万円、10月の売上高：240万円
当期の年間売上高予測が3,000万円の場合の当期の10月の予測売上高

$$前期の10月の月別平均指数 = \frac{月の売上高}{1ヵ月の平均売上高} = \frac{240}{200} \times 100 = 120$$

$$当期の10月の予測売上高 = \frac{1ヵ月の平均予測売上高 \times 月別平均指数}{100}$$

$$= \frac{3000}{12} \times \frac{120}{100} = 300 （万円）$$

$$4月の売上予測 = \left(\frac{1月の売上 + 2月の売上 + 3月の売上}{3} \right) = \left(\frac{200 + 400 + 600}{3} \right) = 400万円$$

指数平滑法

今期の予測値 = $\alpha \times$ 前期の実績値 + $(1 - \alpha) \times$ 前期の予測値
α：平滑化定数　$0 < \alpha < 1$

PI値

$$PI = \frac{購買個数}{レジ通過客数} \times 1,000$$ 　（レジ通過客数1,000人当たりの買上点数）

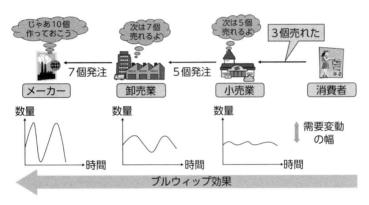

【 ブルウィップ効果 】

追加 ポイント

発注量や発注点についても頻出であるので、必ず生産管理の【論点15】～【論点17】も確認し、各発注方法の特徴を覚え、発注量や発注点も計算できるようにしておこう。

過去問	令和5年度 第31問	小売店舗における在庫管理
	令和5年度 第32問	時系列データを用いた需要予測
	令和4年度 第31問	小売店舗における在庫管理
	令和4年度 第36問	ABC分析
	令和3年度 第32問	小売店舗における在庫管理
	令和2年度 第34問	小売店舗における在庫管理
	令和2年度 第35問	需要予測
	令和元年度 第33問	発注方式
	令和元年度 第40問	PI値

A 論点25 輸配送管理

ポイント

輸配送管理はサプライチェーンマネジメントを含め、近年飛躍的に効率化されている。

∎ サプライチェーンマネジメント

サプライチェーンマネジメント(SCM：Supply Chain Management、供給連鎖管理)は、原材料や部品の調達から製造、流通、販売という、生産から最終需要(消費)に至る商品供給の流れを「供給の鎖」(サプライチェーン)と捉え、それに参加する部門・企業の間で情報を相互に共有・管理することで、ビジネスプロセスの全体最適を目指す戦略的な経営手法、もしくはそのための情報システムをいう。SCMの導入によって、納期短縮・欠品防止による顧客満足の向上、在庫・仕掛品の削減によるキャッシュフローの最大化を狙ったものである。

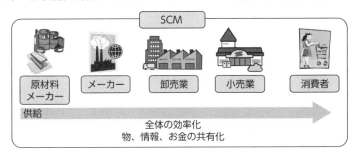

▣ ロジスティクス

ロジスティクスとはサプライチェーンプロセスの一部であり、使用者の活動目的や消費者のニーズなどに応じて、原材料や商品、供給・配送・保全のサービスを最適化する活動である。ロジスティクスは単にモノを運ぶだけではなく、適時適所に届けることが原義である。定義としてのロジスティクスは、モノの機能や届け先の機能を最大限に発揮させるための"支援"に着目し、商品の調達・供給、製造から最後のメンテナンスまで商品のライフサイクル全体を対象に効率化・最適化する戦略を意味する。

近年は、コアコンピタンスに集中するために、物流機能の全体もしくは一部

を、第三の企業に委託するという、サードパーティロジスティクス (3PL) を活用する企業も増えている。

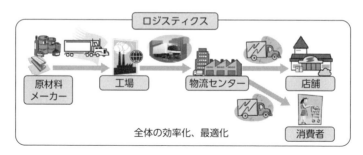

3 ユニットロードシステム

　複数の貨物を機械や器具による取り扱いに適するようにパレットやコンテナを使って1つの単位にまとめて輸送するシステム。運搬具のサイズや規格等を統一するため、荷役の機械化、省力化、物品の破損や紛失の防止、包装費等のコスト削減につながる。平パレットを利用して輸送する場合、積載効率が低下したり、納品後の平パレットの回収などの管理が必要になることがある。

4 共同輸配送

　1つの輸送手段に複数の企業の商品を積載して輸送すること。実働率、実車率、積載率等を高めることができ、トラックの輸送効率を高めることができる。効果は、各企業の輸送コスト低減、交通事情の緩和、省エネルギーなどである。
・実働率：トラックの運行可能な時間に占める、走行や荷役、手待ちなど実際に稼働した時間の割合。
・実車率：トラックの走行距離に占める、実際に貨物を積載して走行した距離の割合。
・積載率：貨物を積載して走行するトラックの最大積載量に占める、実際に積載した貨物の量の割合。
　効率的に運営するためには、ユニットロード方式での輸送などを行う必要がある。

5 モーダルシフト

　モーダルシフトは、より環境負荷の少ない輸送・交通手段への転換を図ることで、一般的には、トラック等の自動車で行われている貨物輸送を、環境負荷の小さい鉄道や船舶の利用へと転換することを指す。

追加 ポイント

＜一貫パレチゼーション＞
荷物を出発地から到着地まで、パレットなどの同一輸送機器に荷物を載せたまま輸送・保管すること。荷役作業を低減できるため、輸送効率が上がる。個々の商品をパレットに載せるため、積載効率や保管効率が悪くなることもある。
＜RORO船＞
トラックやトレーラーが自走で船に乗り込み、貨物を積載したまま運搬できる貨物船のこと。
＜トラック輸送における運賃＞
トラック輸送の契約に関する「標準貨物自動車運送約款」では、運送の対価を「運賃」、積込み又は取卸しに対する対価を「積込料」及び「取卸料」と規定している。

過去問

令和5年度　第33問　輸送手段と輸送ネットワークの特徴
令和5年度　第34問　中継輸送
令和4年度　第32問　輸送手段の特徴　令和4年度　第33問　ユニットロード
令和3年度　第33問　輸送手段の特徴　令和3年度　第34問　共同輸配送の効果
令和2年度　第36問　輸送手段の特徴　令和2年度　第37問　ユニットロードと輸送機器
令和元年度　第34問　輸送手段の特徴　令和元年度　第35問　トラックや自動車による輸送形態

論点26 物流センターの目的と機能

物流センターの多機能化が進み、それに応じた設計がなされている。

1 物流センターとは

　物流センターとは、多種大量の商品を供給者から荷受けし、積み換え、保管、仕分け、流通加工、情報加工などを行い、顧客の注文に応じて品揃えし、配送する物流拠点である。

【 物流センターの作業 】

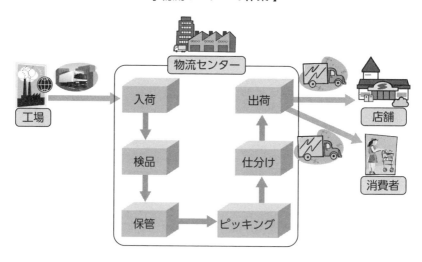

2 物流センターの目的

　物流センターは、生産者と消費者を結ぶ流通部門にあって、次のような目的を担っている。

① 生産と消費の時間的・場所的距離を調整する。

② 分散保管された在庫を集約し、保管・荷役を含む在庫管理を効率化する。

③ 需要地に近接した保管を実現して、顧客サービスの水準向上を図る。

④ 安全な在庫を実現して、顧客サービス水準を維持する。

⑤ 輸送コストを圧縮するために、ロット輸送や末端配送を行う。

⑥ 商流活動と物流活動との分離と効率化を図る。

⑦ 輸送効率改善のための消費地での組み立て・加工を行う。

❸ 物流センターの機能

物流センターには保管機能、積み換え機能、仕分け機能、流通加工機能、配送機能、情報機能がある。

【 物流センターの機能 】

機能	内容
保管機能	入荷した商品などをセンター内に出荷まで保管する。
積み換え機能	大型貨物トラックから小型トラックなどへの積み換えを行う。
仕分け機能	出荷先に応じて仕分けを行う。
流通加工機能	商品の小口化包装、ラベリング、値付け、組合せ、組立、切断、加工などを行うことにより多様化する需要形態への適合を図る。
配送機能	出荷して配送を行う。
情報機能	各種問い合わせ、スペース予約、運行到着情報、在庫管理情報などの情報サービスがある。また、販売先や最終需要者からの売れ筋情報をメーカーにフィードバックすることもある。

追加 ポイント

通常は発送側が配送を行うが、逆に、受取側が荷物を受け取りに行くという「引取物流」と呼ばれる方法もある。引取物流には、受取側の欲しいタイミングで商品を受け取れるなどのメリットがある。

過去問 過去5年間での出題はない。

A 論点27 物流センターの管理と運営

> 物流センターの管理と運営に関する問題は毎年出題されており、年度によっては複数題出題される頻出論点である。知っていれば確実に得点を積み上げられる問題なので正確に押さえておきたい。

1 物流センターのタイプ

小売業の物流センターには、仕入先から商品を入荷し在庫を置くDC（Distribution Center：在庫型センター）と、仕入先から商品を入荷し、検品、仕分けして指定時間に小売店舗へ納品するTC（Transfer Center：通過型センター）の2つのタイプがある。

【 物流センターのタイプ 】

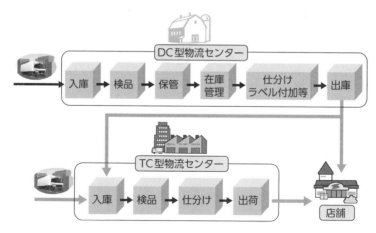

2 物流センターの作業手順

① 一般的な作業手順

物流センターの中の一般的な作業手順を次ページの図表（上）に示す。

② ピッキング

物流センターの中で中心となる作業であるピッキングの方法は、大きく分けて「種まき方式（トータルピッキング）」と「摘み取り方式（シングルピッキング）」の2種類がある。それぞれの内容とメリット、デメリットを次ページの図表（下）に示す。

【 物流センターの一般的な作業手順 】

手順	内容
①荷受	商品を荷受する。トラックから降ろして受け入れる。
②検品	商品の相違、瑕疵、数量などをチェックする。
③荷捌き	荷物を保管できるように整理する。
④保管	荷物を決められた場所に保管する。保管中は在庫管理を行う。
⑤オーダーピッキング	出荷のオーダーを受けると、ピッキング作業を行う。
⑥商品組み合わせ	出荷先の単位に商品を組み合わせる。
⑦荷造り	トラックなどに積み込めるように荷造りする。
⑧仕分け	積み込み順や方面などで仕分けを行う。
⑨出荷場保管	積み込みまで一時的に保管する。
⑩出荷	トラックなどに積み込んで出荷する。

【 ピッキング 】

	内容	利用されるケース	メリット	デメリット
種まき方式（トータルピッキング）	一度、商品・物品をピッキングしておき、荷さばき場に持って行ってから出荷先別に分ける方法である。	少ない納品先に少ない品数を大量に出荷する場合。	まとめて商品を取りに行くため、作業者は何度も商品を取りに行くことはなく、移動距離と移動時間の短縮が可能である。	荷さばきをするスペースが必要となる。また、仕分け状況が把握しづらく、商品・物品の追加に対応しづらい。
摘み取り方式（シングルピッキング）	出荷先毎に、商品・物品を集めて梱包する方法である。	通販 (BtoC) のような出荷先が多く出荷数は少ないが、多種多様な商品を出荷する場合。	商品を集めて梱包後すぐに出荷することができる。	ピッキング作業者が倉庫内を歩き回って商品を集めるため、移動距離と時間がかかる。

3 物流センターの施設、レイアウト

① 物流センターの施設

　物流センターのタイプや扱う商品などをもとに、施設内のレイアウトを決定する必要がある。効果的にレイアウトし、作業効率を高めるレイアウトにする必要がある。基本的に、作業内容ごとにエリアに分け、そのエリア間の動線に

無駄がないようにする必要がある。

② 保管場所の運用方法

いったん、商品を保管する場合、保管時、あるいは、その後の作業の効率化を図るために保管場所に関する運用方法を決める必要がある。保管場所の運用方法には、「固定ロケーション」と「フリーロケーション」がある。

【 物流センターのレイアウト例 】

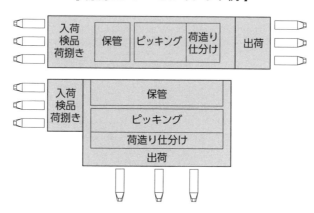

【 保管場所の運用方法 】

	内容	メリット	デメリット
固定ロケーション	アイテム毎に保管する場所を決める運用である。	・どこに何があるかを作業者がわかりやすい ・同じアイテムが1ヵ所に固まっているので、ピッキング作業が効率的になる	・場所が空いていても他のアイテムは置けないため保管の効率が低い
フリーロケーション	空いている場所に保管していく運用である。	・保管効率が高くなる	・同じアイテムがいろいろな場所に散らばる ・システムでの管理は必須である ・ピッキング効率が低下する

◢ 管理、運営上のその他の項目

① 物流ABC

物流ABCのABCとは、Activity Based Costingの略称である。日本では「活動基準原価計算」と呼ばれている。物流ABCは、より実態に合ったコストを把握しようと

する手法であり、最小単位のアクティビティでのコストが把握でき、実態に合った客別の物流コスト把握や、各種の分析に使用して、物流改善や経営戦略策定に活用できる。計算は、活動ごとにコストを集め、活動ごとの原価を計算する、という方法で行う。

【 物流ABC 】

投入要素	各活動への費用の割り当て方法
人件費	個人別に調査した各活動の作業時間で割り当てて計算する。
スペース費	入出荷の保管エリアの床面積でまず割り当て、そのエリア内で行う作業の各作業時間でさらに割り当てる。
機械設備費	各機械設備の各活動における使用時間の割合で計算する。
資材消耗品費	各資材消耗品の各活動における使用量の割合で計算する。

② クロスドッキング

商品が物流センターに届けられたとき、一時的保管をすることなく、すぐに小売店舗に配送できるように作業が行われる仕組み。入荷場所（インバウンド・ドック）から出荷場所（アウトバウンド・ドック）に商品を通過（クロス）させる意味からきている。大規模な物流機器設備を必要としないことがメリットである一方、入荷後すぐに仕分けを行うための出荷情報が必要になり、商品供給側と需要側の情報を正確に把握するためのシステム構築がカギになる。

＜サードパーティーロジスティクス (3PL) ＞
荷主 (first party) でも運輸会社 (second party) でもない第三者 (third party) が、荷主となる企業の物流業務を"一括して"受託する物流形態。3PL事業者が自社で輸送手段や保管施設などの資産を持つアセット型と、こうした資産を持たないノンアセット型に分かれる。ノンアセット型の場合は、他の運送事業者や倉庫事業者を利用して効率的な物流業務をコーディネートする業務を行う。

＜カテゴリー納品＞
売場のカテゴリーごとに配送品を分類して納品するシステム。 カテゴリー納品が行われることによって、店舗側では荷受け作業や商品の補充、陳列の作業を効率化できる。

＜デジタルピッキング＞
デジタル表示器を利用した作業支援システム。作業者は、表示器のランプが光った場所に足を運び、表示された数だけ商品を取り出す。デジタルピッキングのうち「摘み取り方式」をDPS (Digital Picking System)、「種まき方式」をDAS (Digital Assort System) という。

＜プロセスセンター＞
流通加工の機能に特化した物流センターのこと。生鮮食品の加工、詰め合わせ、ラベル付け等を行う。

過去問		
令和4年度 第34問	物流センターの機能
令和4年度 第36問	物流センターの運営
令和3年度 第35問	物流センターの機能
令和3年度 第37問	物流センターの運営
令和2年度 第38問	物流センターの運営
令和元年度 第36問	物流センターの機能
令和元年度 第37問	物流センターの運営

論点28 POSシステム

> **ポイント**
>
> 店舗における情報システムの中心にPOSシステムがある。

1 POSシステムとは

POSとは、Point Of Salesの略で、店舗で商品を販売するごとに商品の販売情報を記録し、集計結果を在庫管理やマーケティング材料として用いるシステムのこと。「販売時点情報管理」などとも訳される。

【 POSシステム 】

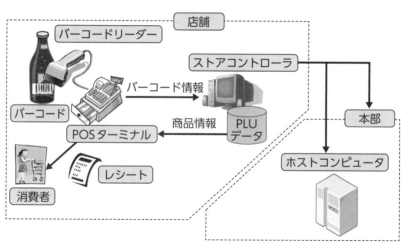

POSシステムを導入することで、緻密な在庫・受発注管理ができるようになるほか、複数の店舗の販売動向の比較、天候と売上を重ね合わせて傾向をつかむなど、他のデータと連携した分析・活用が容易になるというメリットがある。このため、特にフランチャイズチェーンなどでマーケティング材料を収集するシステムとして注目されている。

店舗事務室（バックヤード）に設置され、POSターミナルとLANで接続されているパソコンをストアコントローラと呼ぶ。POSターミナルで読み取ったバーコード（JANコード）をストアコントローラに送ると、ストアコントローラ内

にJANコードと商品名及び価格の対応表のファイルがあり、それを参照して商品名と価格をPOSターミナルに戻し、レシートなどに印字して消費者に渡す。このような機能をPLU（Price Lookup）と呼ぶ。

② 自動発注システム

① CAO

CAOとはComputer Aided Optimizationの略で、コンピュータによる自動発注のことである。小売店がコンピュータに単品単位の在庫情報を持ち、POSの情報と照合して自動的にコンピュータ自身が補充発注をするシステムである。

② EOS

EOSとはElectronic Ordering Systemの略で、電子発注システムのことである。コンピュータによる自動発注のことで、発注する側がハンディターミナルなどを持って、各棚または、在庫を保管している倉庫、スペースなどを回り、発注数量を決定する。入力した情報はただちに卸売業者やメーカーに流れるため、電話やFAXで注文する発注業務を行う必要はなくなる。

③ 購買分析

POSのデータをもとに、顧客がどのような商品を購買しているかを分析する。その代表的な分析手法にバスケット分析がある。バスケット分析は、「どの商品とどの商品が同時に購入されやすいという関連性があるか」について分析し、その相関性を発見することで、重点商品と一見つながりのない他の商品の品揃え強化と販売促進を図ることができるのである。顧客の持つバスケットの中身の相関性を探り出すという意味から、こう呼ばれる。

バスケット分析の指標として、支持度、信頼度、リフト値などがある。

・商品Aの支持度：すべての購入者数のうち、商品Aを購入する顧客の割合。
・商品Aからみた商品Bの信頼度：商品Aを購入した顧客のうち、商品Aと商品Bを同時に購入した顧客の割合。
・商品Aからみた商品Bのリフト値：商品Bの期待信頼度に対する、商品Aからみた商品Bの信頼度の割合。リフト値が高いほど商品Aを買う人が商品Bを同時購入する確率が高いこと示す。

$$\text{商品Aの支持度} = \frac{\text{商品Aの購入数}}{\text{すべての購入者数}}$$

$$\text{商品Aからみた商品Bの信頼度} = \frac{\text{商品Aと商品Bを同時に購入した顧客人数}}{\text{商品Aの購入者数}}$$

$$\text{商品Aからみた商品Bのリフト値} = \frac{\text{商品Aからみた商品Bの信頼度}}{\text{商品Bを購入する人の割合 (商品Bを購入した人数 ÷ すべての購入者数)}}$$

追加 ポイント

<RFM分析>
顧客をRecency (最新の購入日)、Frequency (一定期間での来店頻度)、Monetary (一定期間での購入金額) の3つの指標で、ランク付けする手法。

過去問

令和5年度 第38問 (設問1)　支持度と信頼度
令和5年度 第38問 (設問2)　リフト値
令和5年度 第40問　RFM分析
令和4年度 第39問 (設問1)　支持度と信頼度
令和4年度 第39問 (設問2)　リフト値
令和3年度 第39問　CRMとRFM分析
令和2年度 第44問　RFM分析
令和元年度 第39問　RFM分析とマーケットバスケット分析
令和元年度 第43問　購買分析

A 2次 論点29　その他の店舗情報システム

> 1対1のマーケティングを行ううえで、顧客管理はより重要になってきている。

■ 顧客関係性管理 (CRM：Customer Relationship Management)

　CRMとは、顧客との関係を構築・維持することを重視する経営手法のこと。CRMの目的は、顧客の情報を収集・分析し、リピートを狙った既存顧客との良好な関係性の構築であり、管理する情報は顧客の年齢や住所といった基本情報から、購入履歴、問い合わせ履歴、HPの閲覧履歴など多岐にわたる。

　これらの顧客情報をデータベース化し、顧客のニーズやウォンツ、購買パターンなどを把握することで、効率的かつ効果的なマーケティングを行うことができる。

　CRMは、①顧客情報の収集、②顧客情報の分析、③マーケティング施策の立案実行、④効果の検証の4つのステップで実施する。

　①顧客情報の収集に関しては、ID-POSデータを利用するシステムにおいて、顧客に個人を識別するIDを振ることで、性別や年代などの属性情報を取得することができる。顧客IDと購買情報の紐付け方法に関しては、小売店が発行するポイントカードやポイントアプリが代表的な例である。

　②顧客情報の分析に関しては、バスケット分析やRFM分析(第5章【論点28】)、デシル分析(購入金額に応じて顧客を10等分し、グループごとの購入比率や売上構成比を可視化する手法)がある。

　なお、CRMは、顧客関係管理を効率化するためのソフトやシステムを指す場合もある。

＜FSP (Frequent Shoppers Program)＞
顧客をPOSデータから購買額や購買頻度を出し、ランク付けし、高頻度で購買する優良顧客に対してそのランクに応じてプロモーションを行う手法。長期的な視点での顧客のロイヤルティを高めることを目指す。RFM分析（第5章【論点28】）を用いて、FSPデータから顧客セグメントを識別し、再購買の可能性のある優良顧客を見つけることができる。

過去問	令和5年度　第40問　CRM
	令和3年度　第39問　CRMとRFM分析
	令和元年度　第38問　QRコード決済
	令和元年度　第39問　FSP

2次 論点30 企業間取引の電子化

ポイント

EDIを中心に企業間取引の電子化は標準化、オープン化が進行している。

1 EDI

EDIは、Electronic Data Interchange の略である。企業間で、受発注、決済などのデータを標準的な書式に統一し、そのうえで電子的に交換する仕組みである。紙の伝票でやり取りを行っていた従来の方式に比べ、情報伝達のスピードが大幅にアップし、コスト削減、販売機会の拡大などにつながる。

データ形式やネットワークの接続形態は業界ごとに違うが、最近ではインターネットを活用して、業界を超えた標準化、オープン化が進行している。

【 EDI 】

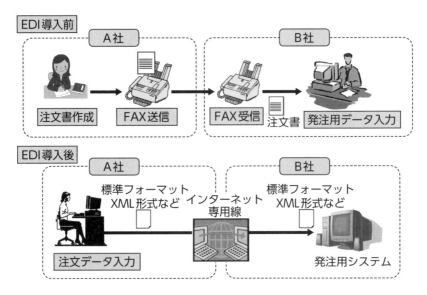

2 e-マーケットプレイス

インターネット上に設けられた企業間取引所である。売り手と買い手が直接取引を行うことにより、中間流通業者との取引部分を中抜きできるため流通コ

ストが削減できる。売り手にとっては、新規取引先開拓、営業コスト削減、取引先増加による在庫リスク低減などを実現できる。また、買い手にとっては、調達コストや物流コストの削減、スポット取引による緊急時の調達手段の確保などが実現できる。

【 e-マーケットプレイス 】

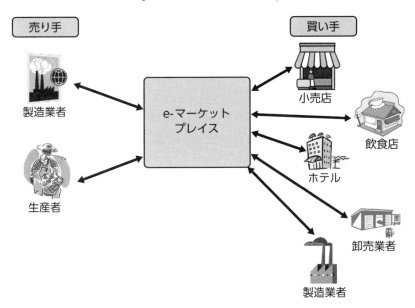

過去問　令和3年度　第41問　EDI標準の判定に至る経過

A 2次 論点31 商品コード

1 JANコード

JAN（Japanese Article Number）コードは、日本の共通商品コードとして一般的なコードである。バーコードとして商品などに表示され、POSシステムをはじめ、受発注システム、棚卸、在庫管理システム、公共料金等の支払システムなどで活用されている。

JANコードは日本国内のみの呼称で、国際的にはEANコード（European Article Number）と呼ばれ、アメリカ、カナダにおけるUPC（Universal Product Code）と互換性のある国際的な共通商品コードになっている。

JANコードの先頭の2桁は国番号であり、日本の国番号は45か49である。国番号は、実際の製造が海外で行われたとしても、日本の企業のブランドで販売される場合は日本の国コードが用いられるので、注意が必要。

① ソースマーキング

ソースマーキングとは、製造元や販売元が商品の生産・包装の段階でJANコードを商品の包装や容器に印刷すること。

同じ商品でも店により販売価格が異なるため、JANコードには、価格データが含まれていない。バーコードリーダーで商品コードを読み取ると、その商品コードの価格をストアコントローラに問い合わせをして価格データを探し出す。この方式をPLU方式という。

② インストアマーキング

インストアマーキングとは、小売段階で個々の商品や商品包装上にバーコードを貼付すること。店内で使用するため、メーカーコードを取得する必要もなくデータの構成を自由に設定し、価格を含めてバーコード化することもできるが、JANの国コードに対応する最初の2桁については、混同を避けるため02か20～29を使用するように決められている。価格を含めてバーコード化する方式をnon-PLU方式という。

【 JANコードの体系 】

①標準タイプ（13桁）

(A) 9桁 GS1事業者コード
（JAN企業コード）

4 569951 116179

① ② ③

①GS1事業者コード（JAN企業コード）
②商品アイテムコード
③チェックデジット

(B) 7桁 GS1事業者コード
（JAN企業コード）

4 912345 678904

① ② ③

①GS1事業者コード（JAN企業コード）
②商品アイテムコード
③チェックデジット

②短縮タイプ（8桁）

4996 8712

① ② ③

①GS1事業者コード（JAN企業コード）
②商品アイテムコード
③チェックデジット

出所：一般財団法人 流通システム開発センター　HPより

❷ その他のコード

① GLN (Global Location Number)

　国際規格の設計、策定組織であるGS1（Global Standard One）が制定した
EDI等に利用できる国際標準の事業所コードである。国内および国際間の企
業間取引において企業や事業所等を唯一識別できる。全体を13桁で表示する。
GS1事業者コード（JAN企業コード）は流通システム開発センターから貸与され、
ロケーションコードは各企業が設定する。

【 国際標準のGLN 】

N_1 N_2　N_3 N_4 N_5 N_6 N_7 N_8 N_9 N_{10} N_{11} N_{12}　C/D

GS1カンパニープリフィックス＋ロケーションコード　チェックデジット

（12桁）　　　　　　　　　　　　　　　　（1桁）

各国のコード管理機関が貸与　各事業者が設定

＊13桁の数字固定長のコード。

出所：一般財団法人 流通システム開発センター　HPより

② GTIN (Global Trade Item Number)

　GTIN（ジーティン）とは、GS1により標準化された国際標準の商品識別コー
ドの総称である。具体的には、現在広く使われているJAN／EANコード、

UPCコード、集合包装用商品コードを対象とする。GS1は、2005年1月より企業間で取引する場合の商品コードはGTINを使用するように推進をしている。同年4月、GS1の加盟機関である一般財団法人流通システム開発センターが日本で円滑にGTINを導入していくための「GTIN 導入指針」を発表している。

【 GTIN 】

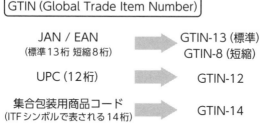

出所：一般財団法人 流通システム開発センター　HPより

③ 集合包装用商品コード (GTIN-14)

　物流梱包の外装などに表示されているバーコードをITF (Inter-leaved Two of Five) シンボルと呼ぶ。正式には集合包装用商品コード (GTIN-14) と呼び、企業間の取引単位である集合包装 (ケース、ボール、パレットなど) に対し設定された商品識別コードで、主に受発注や納品、入出荷、仕分け、棚卸管理等において商品識別コードとして使われる。1～8までの数字をインジケーターとして用いる。このインジケーターは、入数違い (段ボール1個のみか、段ボール2個セットか等) などを表す。

【 集合包装用商品コード (GTIN-14) 】

出所：一般財団法人 流通システム開発センター　HPより

④ GS1-128バーコード

　GS1-128とは、流通・製造・物流・サービス分野における商品関連情報や企業間取引情報をコード番号で体系化し、その識別コード番号と商品関連情報、および企業間取引情報を「コード128」というバーコードシンボルで表現したものである。旧称はUCC／EAN-128という名称で2006年1月からGS1-128に変更されている。

　商品関連データ（製造日、賞味期限、有効期限、使用期限、製造番号、ロット番号等）、企業間取引データ（注文番号、梱包番号、請求先企業コード、出荷先企業コード等）のデータの先頭に、2桁から4桁の識別のためのアプリケーション識別子（略称AI：Application Identifier）と呼ばれるコード番号を付ける。商品パッケージ、ダンボール箱、パレット等にはラベルにより表示するのが一般的である。

【 主なGS1-128の利用動向 】

コンビニエンスストア業界の払込取扱票

医療材料業界の個装表示ラベル例

GS1-128 表示項目
AI (01) 商品コード
AI (17) 有効期限・使用期限　99年1月1日
AI (10) ロットNo. ABC123

出所：一般財団法人 流通システム開発センター　HPより

⑤ EPC (Electronic Product Code)

　EPCとは、GS1で標準化された電子タグに書き込むための識別コードの総称。GTIN等のGS1が定める標準識別コードが基礎となっている。そのため、既存のバーコードシステムとの整合性を確保しながら、電子タグシステムを構築することができる。EPCの一例であるSGTINは、商品識別コードである

GTINにシリアル番号（連続番号）を付加したものであり、GTINが同じ商品でもそれぞれ１つ１つを個別に識別することができる。

3 二次元シンボル

QRコード等の二次元シンボル（縦横に情報がある）は、JANシンボル等の一次元シンボル（情報は横方向のみ）よりも情報を省スペースに表すことができる。

GS1のデータキャリア標準として認められている2次元シンボルは、GS1 QRコード、GS1データマトリックス、DF417を使ったGS1合成シンボルの3種類あり、GS1QRコードはAIを使用して所定の方式でデータをQRコードに表現したものである。

4 GS1アプリケーション識別子（略称AI：Application identifier）

AIとは、GS1が標準化した、さまざまな情報の種類とフォーマット（データの内容、長さ、および使用可能な文字）を管理する2桁から4桁の数字のコードである。商品製造日、ロット番号などのデータの先頭に付けて使用し、GTINや賞味期限、ロット番号、URLなどの情報を表すことができる。

追加 ポイント

バーコードの詳細に関しては一般財団法人流通システム開発センターのホームページで確認できる。

過去問

令和5年度 第36問　JANシンボル
令和5年度 第37問　商品コード（GTIN）
令和4年度 第37問　商品コード
令和4年度 第38問　AI
令和3年度 第38問　集合包装用商品コード（GTIN-14）
令和3年度 第42問　EPC
令和2年度 第39問　GS1事業者コードとJANコード
令和2年度 第40問　GS1 QRコード
令和元年度 第41問　GTIN

論点32 物流情報システム

> 物流に関する情報システムで、最近注目されている論点にRFIDとトレーサビリティがある。

1 RFID

　RFIDとは、Radio Frequency Identificationの略で、電波を使って物品や人物を自動的に識別するための技術全般を指し、Felica技術などを使った非接触ICカードもRFIDに含まれる。非接触で情報を読み込むことが可能なため。流通業界でバーコードに代わる商品識別・管理技術として研究が進められてきたが、それに留まらず社会のIT化・自動化を推進するうえでの基盤技術として注目が高まっている。

　物流システムにおいては、RFID技術を使ったタグ（ICタグ）を商品や箱、パレットなどに付けて物流管理の自動化、効率化を図ることができる。

【 RFID 】

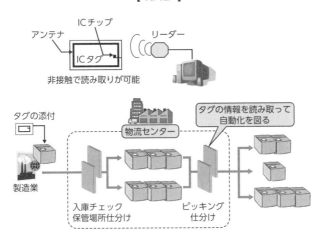

2 トレーサビリティ

　トレーサビリティ（traceability）は追跡可能性、あるいは、履歴追跡と訳すことができる。幅広い分野で使われる語で、トレース（追跡）できるという意味で、物の来歴や行方、所在、構成や内容、変化や変更の履歴などを後から確認でき

ることをいう。

　一般には工業製品や食品、医薬品などの商品や部品を個々あるいはロットごとに識別して、サプライチェーンの各過程（調達・生産・流通・販売・廃棄など）の履歴情報を参照できるようにすること、またはそれを実現する制度やシステムをいう。

　2000年代初頭に発生した牛肉の産地偽装など事件を契機に、食の安全性に対する意識が高まり、牛肉のトレーサビリティ制度が制定されるなど、食品トレーサビリティの取組みが進んでいる。また、医療の分野でも、厚生労働省が2003年から、血液製剤やワクチンなどの生物由来製品を取り扱う事業者、医療関係者などにトレーサビリティ管理を義務付けるようになっている。

【 食品のトレーサビリティ 】

| 定義 | 「生産、加工及び流通の特定の一つまたは複数の段階を通じて、食品の移動を把握すること」（コーデックス委員会2004） |

あくまで食品の移動を追跡するための仕組みであり、食品の
安全管理を直接的に行うものではない。
いつ、どこから入荷し、どこへ出荷したかを各事業者が個々に
記録しておくことにより、食品がどこへ行ったかわかるように
しておくこと。
※トレーサビリティは生産履歴を開示することではない。

「トレーサビリティできているので安全です」

生産段階　←→　流通段階　←→　小売段階

生産段階で記録・保存	流通段階で記録・保存	小売段階で記録・保存
※生産段階では出荷情報のみ記録・保存　　いつ　どこへ　何を　どれだけ	いつ　どこから　何を　どれだけ／いつ　どこへ　何を　どれだけ	いつ　どこから　何を　どれだけ　※小売段階では入荷情報のみ記録・保存

出所：農林水産省　HPより

追加 ポイント

商品にICタグを付けることで、トレーサビリティの自動化も可能になる。関連付けて覚えておくとよい。

過去問　過去5年間での出題はない。

A 論点33 法律に関する論点

> 店舗販売管理に関して押さえておきたい法律に、個人情報保護法や食品衛生法がある。

① 個人情報保護法

　個人情報保護法は、個人情報を適正かつ効果的に活用しつつ、個人の権利利益を保護することを目的とした法律。

① 個人情報の定義（法2条第1項）

　個人情報とは、<u>生存する個人</u>に関する情報であって、次のいずれかを含むものである。

　（1）氏名、生年月日その他の記述等により特定の個人を識別することができるもの。他の情報と容易に照合することができ、それにより特定の個人を識別することができるものを含む。

　（2）個人識別符号が含まれるもの。

② 個人識別符号（法2条第2項）

　個人識別符号とは、次のいずれかに該当するものである。

　（1）特定の個人の身体の一部の特徴を電子計算機で用いるために変換した符号（例：DNA・顔認識・虹彩・声紋・歩行の態様・手指の静脈・指紋・掌紋等のデータ）

　（2）サービス利用や書類において対象者ごとに割り振られる符号（例：旅券番号、基礎年金番号、免許証番号、住民票コード、マイナンバー等）

③ 仮名加工情報（法2条第5項）

　データの利活用において、従来から存在していた匿名加工情報（法2条第6項）よりも詳細な分析を比較的簡便な加工方法で実施したいというニーズの高まりを受け、仮名加工情報が新たに創設された（令和2年改正、令和4年4月施行）。

　<u>匿名加工情報</u>は、特定の個人を識別することができず、復元できないことが求められる。提供先に当該情報が匿名加工情報である旨を明示することで、第三者提供が可能。

　<u>仮名加工情報</u>は他の情報と照合しない限り特定の個人を識別できないように

加工した個人に関する情報。本人の同意を得ていても第三者提供は認められない。

④ **個人情報保護法の適用対象となる個人情報取扱事業者の対象者 (法16条第2項)**

個人情報取扱事業者とは、個人情報データベース等を事業の用に供している者。国の機関、地方公共団体、独立行政法人等、地方独立行政法人は除く。

取り扱う個人情報の数が5,000以下である事業者を対象外とする制度が設けられていたが、平成29年施行の改正で撤廃された。

⑤ **個人情報データベース等 (法第2条第2項)**

個人情報データベース等とは、個人情報を含む情報の集合物であって、次のいずれかに該当するものである。

（1）特定の個人情報を電子計算機を用いて検索することができるように体系的に構成したもの

（2）特定の個人情報を一定の規則に従って整理し、目次、索引その他検索等で容易に検索することができるように体系的に構成したもの（例：紙面で管理されたカルテ）

2 食品衛生法

食品衛生法は飲食による健康被害の発生を防止するための法律である。

平成30年の改正で、原則すべての食品等事業者は「HACCPに沿った衛生管理」を行うことが義務化された。ただし例外として、

・農業及び水産業における食品の採取業

・公衆衛生に与える影響が少ない営業（食品又は添加物の輸入業、食品又は添加物の貯蔵又は運搬のみする営業（冷凍・冷蔵倉庫業は除く）、常温で長期間保存しても腐敗、変敗その他品質の劣化による食品衛生上の危害の発生のおそれがない包装食品の販売業、器具容器包装の輸入又は販売業）については、HACCPに沿った衛生管理を実施する必要はない。

① **HACCP**

食品等事業者自らが食中毒菌汚染や異物混入等の危害要因（ハザード）を把握したうえで、原材料の入荷から製品の出荷に至る全工程の中で、それらの危害要因を除去又は低減させるために特に重要な工程を管理し、製品の安全性を確保しようとする衛生管理の手法である。12の手順が定められており、手順

6～12は特に重要とされ、HACCP7原則と呼ばれている。

【 HACCPの12手順 】

<危害要因分析のための準備段階>
手順1　　HACCPのチーム編成
手順2　　製品説明書の作成
手順3　　意図する用途及び対象となる消費者の確認
手順4　　製造工程一覧図の作成
手順5　　製造工程一覧図の現場確認

<危害要因分析、HACCPプランの作成>
手順6　　危害要因分析の実施
手順7　　重要管理点 (CCP) の決定
手順8　　管理基準 (CL) の設定
手順9　　モニタリング方法の設定
手順10　改善措置の設定
手順11　検証方法の設定
手順12　記録と保存方法の設定

・CCP (Critical Control Point)：特に厳重に管理する必要があり、かつ、危害の発生を防止するために、食品中の危害要因を予防もしくは除去、または、それを許容できるレベルに低減するために必須な段階。

・CL (Critical Limit)：逸脱すると製品の安全性が確保できなくなる値の基準のこと。温度、時間、pH、水分、塩分、官能検査指標などが用いられる。

追加 ポイント

「景品表示法」や「割賦販売法」については、『ニュー・クイックマスター5 経営法務』に詳細を記載しているので、確認しておこう。

過去問

令和5年度　第39問　食品衛生法とHACCP
令和4年度　第41問　個人情報保護法
令和3年度　第40問　食品衛生法とHACCP
令和2年度　第31問　景品表示法
令和2年度　第41問　改正割賦販売法
令和2年度　第43問　個人情報保護法

論点34　店舗やプロモーションに関する論点

> フランチャイズチェーンはインターネットを活用し、プロモーションを行っている。

１ フランチャイズチェーンとは

　フランチャイズチェーン (FC) は、本部と加盟店で構成される。本部をフランチャイザー、加盟店をフランチャイジーと呼ぶ。加盟店は、本部であるフランチャイザーが開発した商品や仕組みを使用してビジネスを行う。

【 FCの本部と加盟店の関係 】

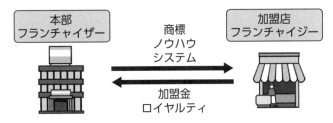

２ ロイヤルティ

　フランチャイズチェーンの仕組みの中で、加盟店から本部に支払われるロイヤルティには次のような方法がある。

【 ロイヤルティの方法 】

方式名	内容	例
粗利分配方式	売上から売上原価を引いた粗利益高に一定割合を乗じたものをロイヤルティとして支払う。	売上500万円、原価200万円、粗利益高300万円、ロイヤルティ割合10% →　月額ロイヤルティは30万円
売上高比例方式	売上高に一定比率を乗じたものをロイヤルティとして支払う。	売上500万円、原価200万円、粗利益高300万円、ロイヤルティ割合5% →　月額ロイヤルティは25万円
定額方式	一定の金額を設定してそれを払う方法で、店舗の坪数や席の数に比例して金額を設定するなどする。	ロイヤルティ：月額10万円 （売上高、粗利益高にかかわらず）

3 コンバージョンレート (CVR)

　企業のWebサイトに訪問する人のうち、そのサイトで商品を購入したり会員登録を行ったりした人の割合をコンバージョンレート (Conversion Rate：CVR) と呼ぶ。企業がWebサイトを開いた場合の投資対効果を測る指標である。インターネット上の取引においては、Webページの訪問者が多くても、その顧客が実際に商品購入や資料請求などのアクションをしないと意味がない。そこで、訪問者のうち実際に何人がアクションをしたのか (これをコンバージョンと呼ぶ) の割合を示したのがコンバージョンレートである。

【 コンバージョンレートの例 】

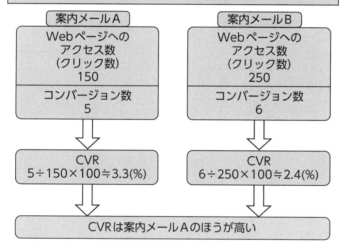

4 インターネット通信販売

　インターネットを介してオンライン上で商品等の売買を行うサービスを、インターネット通信販売という。ウェブサイトに商品等の情報を掲載し、サイト内で注文から代金決済まで行うことができるようになっている。決済はクレジットカード、代金引換、銀行振り込み、コンビニ決済、ATM、ネットバンキング、電子マネー等の方式で行われる。オンラインショップの大手サービス業者や個別企業によるBtoCのサービスのほか、個人が運営するCtoCのサービスも存在する。

【 インターネット通信販売業者のメリット/デメリット 】

メリット	・実店舗より商圏を広げることができる。 ・実店舗を持つ必要がないため、資本金が少なくても投資ができる。 ・時間を問わずに買い物ができるため、顧客拡大が期待できる。 ・販売員がいなくても営業できる。 ・死に筋商品を集めることでロングテールを形成できる。
デメリット	・顧客が他店との価格比較をしやすいため、価格競争にさらされやすい。 ・顧客が商品を実際に手に取ることができないため、購入の意思決定がされづらい。 ・代金後払いの場合、商品発送後に代金が支払われないリスクがある。

追加 ポイント

平成28年度第26問では、流通機能や交通網の弱体化により、食料品等の日常の買物が困難となっている「買物弱者」について出題された。流通業者やサービス業者は、買物弱者に対し、商品の宅配サービスや消費者の居住地域での仮設店舗出店、車による移動販売、来店のためのバス等の運行等の取組みを行っている。

過去問 　過去5年間での出題はない。

論点35 取引業務に関する論点

従来の企業間取引業務の中で、効率化からターンアラウンド型取引が広く導入されている。

1 ターンアラウンド型取引とは

企業間の取引業務プロセスとは、商談、受発注、納品と受領、決済といった一連の取引業務の手順のことである。これらの手順には業界ごとにいくつかのパターンがある。このうち、流通業界で最も広く導入されているのが、スーパー業界等で導入されているターンアラウンド型取引である。発注先で複写式の統一伝票に記入され、その内容が仕入伝票として小売業に返ってくることからターンアラウンドと呼ばれる。

近年は、EDIによって、発注で小売業が付番した取引番号（伝票番号）を、出荷、受領、請求、支払までの各メッセージをオンラインで引き継ぐことにより、それぞれのデータ間の連携が可能になり、最終的には決済段階で不整合が発生したときの原因追究ができる仕組みを構築している場合もある。

【EDIによるターンアラウンド型取引業務】

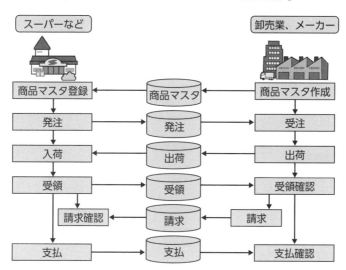

② 統一伝票

　内容の記述方法を共通化した伝票を統一伝票と呼ぶ。統一することで、EDIによるペーパーレス化におけるフォーマットの標準化作業を容易にする効果があった。今日、統一伝票は取引活動において重要なツールであり、この統一伝票の普及によってソフト開発の低コスト化、販売事務の簡素化が図られている。

　統一伝票には「A様式」（百貨店向け）、「B様式」（チェーンストア向け）、「業際」などが実用化されている。

【 統一伝票の例 】

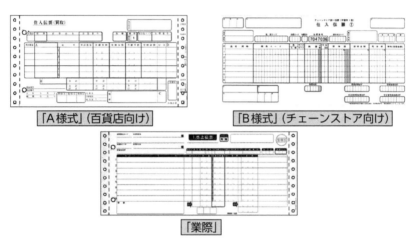

「A様式」（百貨店向け）　　「B様式」（チェーンストア向け）

「業際」

追加 ポイント

統一帳票の制定、JANコード（バーコード）の導入、などから徐々に流通システムはEDIの普及へと進んでいるので、その流れを捉えておくことが大切である。

過去問

過去5年間での出題はない。

論点36 物流に関する論点

物流に関して、効率性や生産性を上げるために、さまざまなアプローチが行われている。

① サプライチェーンマネジメントにおける戦略について

サプライチェーンマネジメント（SCM）は、企業横断的に調達から生産・販売・物流の業務の流れを1つの「チェーン＝連鎖」と捉えて、全体を最適に管理するマネジメント手法である。

SCMの戦略として、以下の2つの戦略がある。

① 投機戦略

投機戦略は製品の需要予測を行い、実需が確定する以前に計画的に生産と物流を行う戦略である。見込生産による大量生産で規模の経済性を確保し、納入までのリードタイムを短くできるメリットがある。ただし、予測と実需がずれてしまった場合、製品ライフサイクルの短い製品の在庫が増加してしまう可能性がある。

② 延期戦略

延期戦略は基本的に受注生産で、顧客ニーズに適合した製品を生産する戦略である。売れ残りによるロスや欠品による販売機会損失が減少するメリットがある。ただし、一般的に納入までのリードタイムは長くなる。

【 SCMの戦略 】

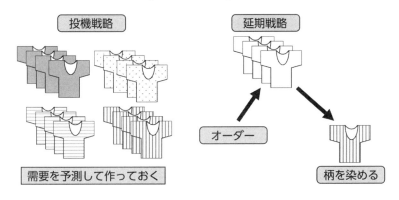

投機戦略

延期戦略

オーダー

需要を予測して作っておく

柄を染める

② LSP (Labor Scheduling Program)

アメリカの流通業で開発された作業管理、要員管理の基本的な仕組みである。企業として達成したい売場目標を決め、それを実現するために必要な作業・手順、バックヤードと必要な時間を設定し、誰が、いつ、どんな作業をどのくらいの時間で行うか計画し、管理するものである。LSPはデータをもとに、時間帯別に最適な人員数を算出し、それにより、生産性を上げて利益を確保しようとする考え方である。

③ 物流情報システムのその他の用語

① VMI

VMIとはVendor-Managed Inventoryの略である。サプライヤーが顧客との間で事前に取り決めをした在庫レベルの範囲内で適切な在庫レベルと在庫ポリシーを決め、在庫を補給することである。

② JTRN

JTRNはJapan Transportの略である。すべての産業界の物流EDIに適用できるように開発された国内統一の汎用標準である。業界の標準ツールということで、JTRNを利用することで個別の開発費用がかなり削減でき、データベースなどのシステム構築や管理の手間が軽減されるとともに、端末数の削減も図れる。

③ ASN

ASNはAdvanced Shipping Noticeの略である。事前出荷通知を意味しており、EDI(電子データ交換)取引で、小売店舗からの商品発注に対し、納品日時、納品内容を商品搬送前に電子的に送付する。従来の商品と伝票が同時に送られるやり方に対し、店側は予定商品着荷時間と内容が把握できるので事前に要員計画や準備ができ、効率的な商品搬入が可能となる。通常、UCC／EAN-128(GS1-128)で規定された大型バーコードが梱包に貼られており、着荷後バーコードの読み取りとASNをチェックすることにより検品作業を省くことができる。

④ CRP

CRPとはContinuous Replenishment Programの略である。POSデータから消費者が購入した分だけ補充するシステムである。倉庫において在庫が減

少した場合、次に納入される日までの需要予測を行い、それに対応した量を機械的にメーカーに発注する仕組みである。

4 動脈物流と静脈物流

① 動脈物流
　動脈物流とは、原材料の調達や、製品の消費者への供給のために物資を運搬することである。

② 静脈物流
　静脈物流とは、一度最終消費者に届いた商品をリサイクル等再利用することを目的に回収し、再資源化する拠点まで運搬することである。回収物流とも呼ぶ。

【追加】【ポイント】

> SCMの2つの戦略は商品特性や消費者のニーズを汲み取ってうまく使い分ける必要がある。成功している会社がどのような戦略を採っているのかを考えてみるとよいであろう。

過去問
令和5年度　第35問　物流センターの運営
令和4年度　第36問　ASN

【 参考文献 】

[Ⅰ 生産管理]

1. 『生産管理がわかる辞典』菅又忠美・田中一成著、日本実業出版社

2. 『演習　生産管理の基礎』藤山修巳著、同友館

3. 『生産管理用語辞典』公益社団法人日本経営工学会編、一般財団法人日本規格協会

4. 『生産情報システム』太田雅晴著、島田達巳監修、日科技連出版社

5. 『JIS品質マネジメント要求事項JIS Q 9001』日本規格協会

6. 『1回で合格！QC検定2級テキスト＆問題集』高山均著、成美堂出版

[Ⅱ 店舗・販売管理]

1. 『インストア・マーチャンダイジング』公益財団法人流通経済研究所編、日本経済新聞出版社

2. 『図解　よくわかるこれからのマーチャンダイジング』日野眞克著、同文舘出版

3. 『売れる商品陳列マニュアル』新山勝利著、日本能率協会マネジメントセンター

4. 『コンビニエンスストアの知識』木下安司著、日本経済新聞出版社

【 A～Z・数字 】

ABC ································ 81, 181, 212
AI ······································· 226
ASN ··································· 238
CAD ··································· 116
CAM ··································· 117
CAE ··································· 117
CAO ··································· 216
CPM ···································· 68
CRM ··································· 218
CRP ··································· 238
DAS ··································· 214
DC 型 ································· 210
DI 分析 ································ 123
DPS ··································· 214
ECRS ······························ 46, 98
EDI ···················· 118, 220, 235, 238
EOQ ································ 77, 79
EOS ··································· 216
FSP ··································· 219
GLN ··································· 223
GMROI ································ 176
GS1 ··································· 223
GTIN ·································· 223
HACCP ································ 230
IE ······································ 94
ISM ··································· 196
ISO9000 ······························ 114
ISP ··································· 197
JAN コード ···························· 222
JIT ···································· 56
LCA ··································· 137
LSP ··································· 238
MRP ······························ 84, 118
MTBF ································· 128
MTM 法 ······························ 103

MTTR ································· 128
NonPLU ······························ 222
OEM ···································· 91
PDM ··································· 117
PDPC 法 ······························ 111
PERT ··································· 68
PI 値 ·································· 202
PLU ··································· 216
POP ······························ 118, 199
POS システム ························· 215
PQCDSME ······························ 43
PTS 法 ································· 103
QC サークル活動 ······················ 107
QC 7つ道具 ··························· 108
RFID ·································· 227
RFM 分析 ······························ 217
RORO 船 ······························ 207
SCM ··································· 205
SLP ··································· 126
SQC ··································· 106
TC 型 ································· 210
TOC 理論 ······························ 58
TPM ··································· 125
TQC ······························ 107, 111
TQM ··································· 107
VA ····································· 72
VE ····································· 72
VMI ··································· 238
VTR 法 ································· 98
Web-EDI ······························ 119
WF 法 ································· 103
XML ··································· 119
3 R ··································· 138
3 S ···································· 46
3 PL ······························ 206, 214
5 S ···································· 47

5W2H……………………47

【 あ行 】

アクティビティ相互関係ダイヤグラム‥123
アローダイヤグラム……………68
安全在庫……………78
委託仕入……………182
移動平均法……………58, 202
色温度……………173
インストアマーキング……………222
ウォークインクーラー……………170
内掛け法……………102
売上仕入……………182
売上高予算……………201
売場レイアウト……………184
運搬活性分析……………97
運搬分析……………97
エシェロン在庫……………93
演出機能……………168
エコアクション 21……………137
エンド陳列……………188
追番管理……………57
オペレーションリサーチ……………82

【 か行 】

外注……………75
買取仕入……………182
開放度……………170
改良保全……………125
加重移動平均法……………58
活性示数……………97
カテゴリー納品……………214
稼働分析……………100
稼働率……………45, 128
カムアップシステム……………69
環境基本法……………135
カンデラ……………173
ガントチャート……………69
管理図……………108, 110

管理余裕……………102
関連購買……………185
基準在庫法……………201
季節変動……………202
貴重機能……………72
輝度……………173
機能……………72
機能設計……………70
基本機能……………72
業種……………180
業態……………180
共同仕入……………182
共同輸配送……………206
強度率……………45
居住誘導区域……………144
偶発故障期間……………127
グループテクノロジー……………55
クロスドッキング……………213
計画購買……………185
経験見積法……………103
傾向変動……………201
経済的発注量……………79
系統図法……………111
ケルビン……………173
原価値入率……………176
建築基準法……………149
現品管理……………65
交差比率……………177
工業材料……………129
工数計画……………63
光束……………173
工程能力指数……………106
工程分析……………94
光度……………173
購入促進機能……………168
高分子材料……………130
個人情報保護法……………229
ゴールデンゾーン……………186
固定ロケーション……………212

個別生産 ……………………… 48, 66
コンカレントエンジニアリング ……… 117
混合品種ライン ………………… 51
コンバージョンレート ……………… 233

【 さ行 】

サードパーティーロジスティクス ‥206, 214
サイクル在庫 …………………… 84
サーブリッグ分析 ………………… 99
サイクルタイム ………………… 51
在庫型センター ………………… 210
在庫高予算 ……………………… 201
在庫調整期間 …………………… 83
彩度 …………………………… 172
作業管理 ………………………… 238
作業者工程分析 ………………… 96
作業測定 ………………………… 94
作業余裕 ………………………… 102
産業用ロボット ………………… 134
散布図 ………………………… 108
市街化区域 ……………………… 142
市街化調整区域 ………………… 142
色相 …………………………… 172
事後保全 ………………………… 125
資材所要量計画 ………………… 84
支持度 ………………………… 216
指数平滑法 ……………………… 202
シックスシグマ ………………… 107
しつけ ………………………… 47
実車率 ………………………… 206
実績資料法 ……………………… 103
実働率 ………………………… 206
死に筋商品 ……………………… 180
ジャンブル陳列 ………………… 188
集合包装用商品コード ………… 224
集中仕入 ………………………… 182
主体作業時間 …………………… 100
受注生産 ………………………… 48
需要予測 ………………………… 58

循環型社会形成推進基本法 ……… 137
瞬間観測 ………………………… 100
循環変動 ………………………… 201
準備段取作業時間 ……………… 101
省エネルギー法 ………………… 136
消化仕入 ………………………… 183
使用機能 ………………………… 72
状態監視保全 …………………… 125
商店街実態調査 ………………… 163
照度 …………………………… 173
消費者危険 ……………………… 113
商品アイテム …………………… 180
商品投下資本粗利益率 ………… 176
商品ライン ……………………… 180
情報発信機能 …………………… 168
消防法 ………………………… 152
正味時間 ………………………… 101
正味所要量 ……………………… 84
静脈物流 ………………………… 239
初期故障期間 …………………… 127
食品衛生法 ……………………… 230
食品リサイクル法 ……………… 136
職場余裕 ………………………… 102
ショッピングセンター ………… 160
ジョブショップスケジューリング … 66
ジョンソン法 …………………… 66
新 QC 7つ道具 ………………… 111
シングルピッキング …………… 210
進捗管理 ………………………… 57
人的余裕 ………………………… 102
信頼度 ………………………… 216
親和図法 ………………………… 111
ストップウォッチ法 …………… 103
清潔 …………………………… 47
生産計画 ………………………… 62
生産座席予約方式 ……………… 57
生産者危険 ……………………… 113
生産性 ………………………… 45
生産設計 ………………………… 70

生産統制 ……………………… 64
生産保全 ……………………… 125
生産リードタイム …………… 45
清掃 …………………………… 47
製造品質 ……………………… 70
整頓 …………………………… 47
製番管理方式 ………………… 57
製品工程分析 ………………… 96
製品設計 ……………………… 70
製品別レイアウト …………… 48
制約理論 ……………………… 58
整理 …………………………… 47
積載率 ………………………… 206
設計品質 ……………………… 70
切削加工 ……………………… 132
設備総合効率 ………………… 128
設備保全 ……………………… 124
セル生産 ……………………… 54
ゼロエミッション …………… 138
線形計画法 …………………… 59
全数検査 ……………………… 112
選択機能 ……………………… 168
専門化 ………………………… 46
総合スーパー ………………… 155
総合的品質管理 ……………… 107
相乗積 ………………………… 177
総所要量 ……………………… 84
層別 …………………………… 108
訴求機能 ……………………… 168
塑性加工 ……………………… 133
外掛け法 ……………………… 108

【 た行 】

第1種の誤り ………………… 113
大規模小売店舗立地法 ……… 145
第2種の誤り ………………… 113
タイムバケット ……………… 87
大量仕入 ……………………… 182
種まき方式 …………………… 210

多能工 ………………………… 48
多品種ライン ………………… 51
ダブルビン方式 …………… 77, 200
単位作業 ……………………… 103
単純移動平均法 ……………… 58
単純化 ………………………… 46
鍛造工程 ……………………… 133
チェックシート ……………… 108
中心市街地活性化協議会 …… 148
中心市街地活性化法 ………… 147
鋳造加工 ……………………… 133
長期契約方式 ………………… 87
直行率 ………………………… 45
通過型センター ……………… 210
摘み取り方式 ………………… 210
定期発注方式 ……………… 76, 82
定期保全 ……………………… 125
ディスパッチング法 ………… 68
定量発注方式 ………………… 76
できばえの品質 ……………… 70
デザインレビュー …………… 71
デジタルピッキング ………… 214
デシル分析 …………………… 218
手持ち在庫 …………………… 84
統一伝票 ……………………… 236
動作分析 ……………………… 98
当用買方式 …………………… 89
当用仕入 ……………………… 182
トータルピッキング ………… 210
特性要因図 …………………… 108
都市機能誘導区域 …………… 144
都市計画区域 ………………… 142
都市計画法 …………………… 142
度数率 ………………………… 45
塗装 …………………………… 131
トレーサビリティ …………… 227

【 な行 】

内外作区分 …………………… 88

内示購買 89
ナノテクノロジー 133
二次機能 72
二次元シンボル 226
抜き取り検査 112
値入率 176
年千人率 45

【は行】

バイオテクノロジー 134
売価値入率 176
発注残 82
発注点 79, 200
ハフモデル 157
パラペット 169
バランスロス率 53
パレート図 102
パレチゼーション 207
ヒストグラム 108
引当在庫 84
非線引き都市計画区域 142
ピッチタイム 52
百分率変異法 201
標準化 46
標準時間資料法 101
標準貨物自動車運送約款 207
疲労余裕 102
ファサード 168
付随作業 101
物流 ABC 212
不適合率 45
歩留まり 45
部品表 (部品構成表) 84
フライス盤 132
プライスライン 194
プラノグラム 190
フリーロケーション 212
ブルウィップ効果 93, 202
プロセスセンター 214

プルシステム 56
フロントローディング 71
編成効率 53
防火管理 152
放電加工 133
方法研究 94
ボール盤 132
補助機能 72
保全予防 125

【ま行】

マーチャンダイジング 174
まちづくり三法 147
マトリックス図法 111
摩耗故障期間 127
見込生産 48
無彩色 173
モーダルシフト 207
モジュール生産方式 58
物の流れ分析 123

【や行】

有効在庫 84
誘導機能 168
ユニットロード 206
溶接 131
要素作業 103
用達余裕 102
用途地域 142
予知保全 125
予防保全 125
余裕 102
余裕時間 101
余裕率 102
余力管理 67

【ら行】

ライフサイクルアセスメント 137
ライリー・コンバースの法則 156

ライリーの法則 ································ 156
ライン切替方式 ···························· 51
ライン生産方式 ···························· 51
ラインバランシング ······················ 51
リードタイム ····························· 45
リサイクル ······························· 138
立地適正化計画 ···························· 144
リデュース ······························· 138
リフト値 ································· 216
リユース ································· 138
流通加工機能 ····························· 209
ルーメン ································· 173
ルクス ··································· 173
レイティング ····························· 103
レイティング係数 ························· 103
レーザー加工 ····························· 133
連関図法 ································· 111
連合作業分析 ····························· 98
連続観測 ································· 100
連続生産 ································· 48
ロジスティクス ·························92, 205
ロット生産 ······························· 48

【 わ行 】
ワークサンプリング ························ 100
ワンウェイコントロール ·················· 184

【編者】

中小企業診断士試験クイック合格研究チーム

平成13年度以降の新試験制度に合格し、活躍している新進気鋭の中小企業診断士7名の研究チームであり、2次試験対策で毎年ベストセラーである「ふぞろいな合格答案」の執筆者で占められている。

メンバーは、山本桂史、梅田さゆり、志田遼太郎、中村文香、山本勇介、赤坂優太、大久保裕之。

上記研究チームのメンバーは診断士試験の受験対策だけでなく、企業内での業務改善に取り組んだり、全国各地の創業支援・事業継承・新規事業展開ならびに人事改革のコンサルティングやセミナーなどを通し中小企業支援の現場に携わっている。

本書「運営管理」は、中村文香により執筆。

本書出版後に訂正(正誤表)、重要な法改正等があった場合は、同友館のホームページでお知らせいたします。

2024年2月10日　第1刷発行

2024年版
中小企業診断士試験 ニュー・クイックマスター
4 運営管理

編　者　中小企業診断士試験クイック合格研究チーム
　　　　　　　　　　　中　村　文　香
発行者　　　　　　　　脇　坂　康　弘

発行所　株式会社 同友館
〒113-0033 東京都文京区本郷2-29-1
TEL. 03 (3813) 3966
FAX. 03 (3818) 2774
URL https://www.doyukan.co.jp

落丁・乱丁本はお取替えいたします。　　KIT / 中央印刷 / 東京美術紙工
ISBN 978-4-496-05677-2 C3034　　　　　Printed in Japan

同友館 中小企業診断士試験の参考書・問題集

2024年版 ニュー・クイックマスターシリーズ

1 経済学・経済政策 ……………………………… 定価 2,200円 (税込)
2 財務・会計 …………………………………… 定価 2,200円 (税込)
3 企業経営理論 ………………………………… 定価 2,310円 (税込)
4 運営管理 ……………………………………… 定価 2,310円 (税込)
5 経営法務 ……………………………………… 定価 2,200円 (税込)
6 経営情報システム …………………………… 定価 2,200円 (税込)
7 中小企業経営・政策 ………………………… 定価 2,310円 (税込)

2024年版 過去問完全マスターシリーズ

1 経済学・経済政策 ……………………………… 定価 3,300円 (税込)
2 財務・会計 …………………………………… 定価 3,300円 (税込)
3 企業経営理論 ………………………………… 定価 3,850円 (税込)
4 運営管理 ……………………………………… 定価 3,850円 (税込)
5 経営法務 ……………………………………… 定価 3,300円 (税込)
6 経営情報システム …………………………… 定価 3,300円 (税込)
7 中小企業経営・政策 ………………………… 定価 3,300円 (税込)

中小企業診断士試験 1次試験過去問題集 …………… 定価 3,740円 (税込)
中小企業診断士試験 2次試験過去問題集 …………… 定価 3,630円 (税込)
新版「財務・会計」速答テクニック ………………… 定価 2,420円 (税込)
診断士2次試験 事例Ⅳの全知識＆全ノウハウ ……… 定価 3,520円 (税込)
診断士2次試験 事例Ⅳ合格点突破 計算問題集 (改訂新版) …… 定価 2,860円 (税込)
診断士2次試験 ふぞろいな合格答案10年データブック ‥ 定価 4,950円 (税込)
診断士2次試験 ふぞろいな答案分析7 (2022〜2023年版) ……………… 5月発売
診断士2次試験 ふぞろいな再現答案7 (2022〜2023年版) ……………… 5月発売
診断士2次試験 ふぞろいな合格答案エピソード17 ……………………… 7月発売
2次試験合格者の頭の中にあった全知識 ……………………………… 7月発売
2次試験合格者の頭の中にあった全ノウハウ ………………………… 7月発売

https://www.doyukan.co.jp/

〒113-0033　東京都文京区本郷 2-29-1
Tel. 03-3813-3966　Fax. 03-3818-2774